Joachim Stallecker

Glücksorte im Heilbronner Land

Fahr hin und werd glücklich

Droste Verlag

Dieses Buch gehört

Liebe Glücksuchende,

wer einmal per Zufall oder dank einer glücklichen Fügung von den Hauptverkehrsachsen im Südwesten abzweigt, kommt ins Heilbronner Land. Hier, mitten im Ländle, wo sich badische und württembergische Mentalität entlang der alten Landesgrenze auf anregende Weise inspirieren, befindet sich im Windschatten der großen Metropolen ein Landstrich der besonderen Art. In der Herzkammer des Ländles vereint sich Kulturlandschaft mit Weinbau und Genuss. Dieser originelle Teil Deutschlands hat sich den Charme historischer Landstädtchen, Schlösschen, Burgen und aus der Zeit gefallener Dörfer bewahrt und gleichzeitig harmonisch und selbstbewusst mit Ideen der Gegenwart ergänzt. In dieser fruchtbaren Landschaft findet der Reisende weitgehend unentdeckte wie erlesene Glücksorte. Neben dem hier vorherrschenden Weinbau, dessen leckerer Rebensaft zwangsläufig zu weiteren kulinarischen Genüssen führt, gibt es ausgefallene Familienbetriebe, kreative Geschäfte, echte Tante-Emma-Läden und ungewöhnliche Ateliers zu entdecken. In der so oft zu Unrecht als altbacken und langweilig belächelten Provinz sind Museen und Kulturstätten mit vielseitigem Musik-, Theater- und Ausstellungsprogramm entstanden – wunderbare Kleinode der Kultur.

Lassen Sie sich von diesen überraschenden Neuentdeckungen verführen und werden Sie zu Glücksort-Begeisterten.

Ihr Joachim Stallecker

Deine Glücksorte …

... noch mehr Glück für dich

Im Häusle der Demokratie

1 *Das Theodor-Heuss-Museum in Brackenheim*

Mitten im Landstädtchen liegt das Theodor-Heuss-Museum nur wenige Schritte vom Schloss Brackenheim entfernt an der Obertorstraße. In Sichtweite zum absolutistischen Schloss mit seiner feudalen Tradition befindet sich hier ein bescheidenes museales Kleinod zu Ehren unseres ersten Bundespräsidenten und der Demokratie. Das Theodor-Heuss-Museum präsentiert sich auf den ersten Blick so bodenständig und unprätentiös wie „Papa Heuss", der hier in seinem geliebten Brackenheim zwischen Weinreben und beschaulichen Hügeln aufgewachsen ist. Inmitten der Idylle drängt sich dem Besucher die Frage auf, ob nicht gerade dieser gediegene Landstrich zu seiner entspannt liberalen Haltung beigetragen hat.
Das klassizistische Museumsgebäude, das noch bis 1907 als Oberamtsgefängnis genutzt wurde, liegt gut sichtbar und einladend an der gepflasterten Straße. Zu einem sehr moderaten Eintrittspreis erhält man zusätzlich die Broschüren und Wegbeschreibung zu Brackenheim und Theodor Heuss. Besuchergruppen ab 15 Teilnehmern wird Rabatt gewährt.
Auf 170 Quadratmetern Ausstellungsfläche wird den interessierten Besuchern jeglichen Alters ein zeitgenössisch medial aufbereitetes, facettenreiches Gesamtporträt geboten: Dokumente, Requisiten, Briefe mit Handschriften und Schwarzweiß-Fotografien aus den Jugendjahren der Bundesrepublik. Hier kann man die wunderbaren Handschriften aus der guten alten Schönschreibzeit studieren. Atmosphärisch gelungen verdichtet sich das Bild des geistreichen Denkers, Publizisten, Genussmenschen und liberalen Politikers Theodor Heuss. In den Videos kann auch der Nichtschwabe das gemütliche Timbre des mittlerweile etwas aus der Mode gekommenen Honoratiorenschwäbisch genießen. Sein Zitat: „Ich gebe keine Richtlinien, ich gebe Atmosphäre", könnte fast auch als Wahlspruch für das Museum gelten.
Das für Besucher freigegebene Wohnhaus liegt fußläufig und ist ein wie in einer Zeitkapsel konserviertes Stück Lebensgeschichte – hier hat eindeutig ein glücklicher Mensch gewohnt.

TIPP Regelmäßig wird vom Museum zu passenden Wechselausstellungen und Vorträgen eingeladen.

Theodor-Heuss-Museum, Obertorstraße 27, 74336 Brackenheim, Tel. (0 71 35) 10 51 05
www.theodor-heuss-museum.de
ÖPNV: Bus 661, Haltestelle ZOB Brackenheim

Kühl servierte Weinkrimis

2 *Die Privatkellerei Kümmerle in Schwaigern*

Fährt man über die Landstraße 293 von Schwaigern ins eingemeindete Stetten, glaubt man geradewegs in ein Stück Vorkriegsdeutschland zu reisen. Die Dorfstraße führt beschaulich durch das noch weitgehend unverbaute Weinbauerndorf unterhalb des Heuchelbergs. Und hier mittendrin befindet sich der Familienbetrieb Kümmerle, eine Privatkellerei der „handgemachten" Weine, die ohne übergroßen Maschineneinsatz produziert werden.

Ja, hier wohnen und arbeiten erfahrene Winzer in der vierten Generation und präsentieren ihre Schätze in der Vinothek. Im Inneren erwartet den Besucher ein durchaus neuzeitlich-geschmackvolles Ambiente von gediegener Behaglichkeit. An der einladenden Theke schmecken die schonend und minimal ausgebauten Chardonnay- oder Merlot-Weine gleich noch mal so gut. Hier darf großzügig „geschlotzt" werden, denn hier geht es um Bacchus' Lieblingsgetränk. Die Verkostung der charakterstarken Weine – Probieren geht über Studieren – wird durch die begleitenden Kommentare des Winzers zur lehrreichen Schulstunde. Wie uns der Seniorchef mit schmunzelnder Miene erklärt, reifen die Trauben unter den strengen Bedingungen des Biologischen Weinbaus heran und dürfen auch bei der übernächsten Ernte unter diesem Label vertrieben werden. Die Kümmerles in ihrem Tatendrang wollen in Zukunft eine noch namenlose, umweltschonende Neuzüchtung, die gegen Pilze resistent ist, auf einigen Keuperhängen ihres 20 Hektar großen Anbaugebiets pflanzen, um auch in der nächsten Generation ihre Tradition guter und biologisch einwandfreier Weine weiterzuführen.

TIPP

Ein kleiner Spaziergang durchs Dorf lohnt sich.

Etwa sechs Mal im Jahr veranstalten die Kümmerles ein Kriminaldinner mit echten Schauspielern, mehrgängigem Menü und stets gefüllten Gläsern. Am besten schon mal einen Sitzplatz in der ersten Reihe reservieren, um dieses außergewöhnliche Spektakel nicht zu verpassen.

Denn was macht glücklicher als ein Glas guter Wein und sympathische Menschen rund um den Tisch?

Privatkellerei Kümmerle, Entengasse 11, 74193 Schwaigern-Stetten, Tel. (0 71 38) 66 74
www.privatkellerei-kümmerle.de
ÖPNV: S 4, Haltestelle Stetten am Heuchelberg

In guten Händen

3 *Die Wolkenlos Massage-Lounge in Heilbronn*

Mit einem frisch aufgebrühten ayurvedischen Tee, einem Rosenblütenfußbad und einer einstimmenden Fußmassage beginnt eine Wellness-Behandlung der besonderen Art – im siebten Himmel der „Wolkenlos Massage-Lounge“. Die beiden Damen mit den Wunderhänden und dem Gespür für professionelle Entspannung verzaubern die Gäste vom ersten Moment an und entführen ins Glück. Rebekka und Anita heißen die guten Massagefeen im Wellnessreich in Heilbronn. Hier duftet es nach Aromaölen und guter Laune. Das Duo versichert Entspannung und Wellness auf höchstem Niveau. Nicht nur dem verspannten Nacken, dem müden Rücken oder den strapazierten Füßen kann geholfen werden, sondern dem ganzen Menschen. Hier werden Körper und Seele gestreichelt. Geschmackvoll hell und einladend, mit gut überlegter Gestaltung und harmonischer Lichtstimmung wird auch der Massageneuling sicher ins Land, pardon, in den Himmel der wolkenlosen Entspannung begleitet. Wem der Weg zu weit oder die Freizeit zu knapp bemessen ist, kann sich die Wolkenlos-Entspannung auch zu sich nach Hause oder ins Büro holen. Für die gestressten, im alltäglichen Hamsterrad Arbeitenden haben die Damen ein passendes Businesspaket geschnürt. Hier bekommen die Chefs und ihre Angestellten vor Ort zur Wiedererlangung ihrer geistigen und körperlichen Kräfte eine Wellness-Pause. Durch die gekonnte Behandlung wird verkrampftes Muskelgewebe gelockert, der Stoffwechsel angeregt, der Kreislauf wohltuend in Schwung gebracht, was den Stress abbaut und zu neuem Tatendrang führt. Am Schluss wird den glücklich Behandelten, deren Immunsystem jetzt auf hundert Prozent Leistung eingestellt ist, zum Ausklang dieses extrem angenehmen Erlebnisses ein leckerer Smoothie gereicht. Besser kann man nicht entspannen. So bestätigt sich ihr Geschäftsmotto: „Entspannung ist der Sonnenschein der Seele.“ Und lacht die Seele, kann man nur glücklich sein.

TIPP

Eine stressfreie Alternative für den Junggesellinnenabschied.

- **Wolkenlos Massage-Lounge, Weinsberger Straße 52, 74076 Heilbronn, Rebekka Tel. (01 57) 57 81 20 83, Anita Tel. (01 70) 6 06 26 32**
- **ÖPNV: S 4, Haltestelle Heilbronn Friedensplatz, ca. 10 Minuten Fußweg**

Probieren geht über ...

4 *experimenta Heilbronn*

Das Kind im Menschen hält uns auf Trapp und will weiter zu neuen Ufern. Wer diesem kreativen Spieltrieb freien Lauf geben möchte, muss die experimenta besuchen. Friedrich Schiller meinte schon vor über 200 Jahren, dass nur im Spiel der Mensch zum eigentlichen Menschen werde. Die experimenta hätte ihm mit all den intelligenten und herausfordernden Versuchen bestimmt gefallen. Auf fünf Etagen werden dem Forschergeist Spiel und Anregung geboten. Wie in einem Kristall bietet das phänomenale Gebäude eine futuristische Plattform. Schon von Weitem lockt das in lichtbrechenden Glasfacetten wie ein funkelndes Juwel gestaltete Architekturkunstwerk den gespannten Besucher. Das deutschlandweit größte Wissenschaftserlebnis-Zentrum kann spektakulärer nicht präsentiert werden. Hier, auf einer Neckarinsel mitten in Heilbronn, hat die Zukunft bereits begonnen und darf entdeckt werden. In der obersten Etage sind wir dem Weltraum am nächsten und können eine virtuelle Reise zu den Sternen starten. Die Sternwarte hat neben den faszinierenden Laser- und Experimentalschauen auch durchaus handfeste Teleskope zu bieten. Analoges geht hier Hand in Hand mit Digitalem und verbindet sich lehrreich zu interessanten Erfahrungen, die man sonst nirgends erlebt. Viel Unsichtbares wird hier erlebbar gemacht, ob im Experimentiertheater oder in einem der acht Labore. Hier ist ein wunderbares Forscherland erbaut worden, in dem die Schleuse als Modell nicht nur für Kinderaugen einleuchtend erklärt wird. Gewichte und Brillen verdeutlichen dem jungen Menschen, wie er sich im eingeschränkten Seniorenalter fühlt. Leuchtende Riesenbildschirme vermitteln wie auf magischen Tafeln die Sternenlandschaften der Galaxien und geben uns eine Ahnung von der Unendlichkeit. Ein beeindruckendes, fast zauberhaftes Stück Wissenschaft mit all seinen präsentablen Möglichkeiten, von profan bis fantastisch – hier sind dem Glück keine Grenzen gesetzt.

TIPP Im gläsernen Studio kann man ein eigenes Musikstück oder auch einen Film produzieren.

experimenta, Experimentaplatz, 74072 Heilbronn, Tel. (0 71 31) 88 79 50

ÖPNV: Bus 642, Haltestelle Neckarturm

Ein Affenspaß

5 *Der Tierpark Leintalzoo in Schwaigern*

„Die Affen rasen durch den Wald, der eine macht den andern kalt, die ganze Affenbande brüllt. Wer hat die Kokosnuss, wer hat die Kokosnuss … geklaaauuuut?“ So brachial wie in dem Kinderlied aus den 70er-Jahren geht es nicht zu, dennoch sind wir zu Gast bei der vermutlich größten Schimpansengruppe Deutschlands. Sieht man den lebhaften Schimpansen zu, die zu etwa 98 Prozent die gleichen Gene wie wir Menschen haben, bemerkt man doch, wie fröhlich und glücksbringend ein gewisser Ungehorsam machen kann. Der Affe lebt frei, wild und unbekümmert, und das zeigt er auch im Gehege. Die Lebensfreude, die uns die Affen mit ihren unverstellten Manieren, drolligen Gesten und Handlungen vermitteln, begeistert große wie kleine Besucher. Freche Affen haben immer Konjunktur, nicht nur im Zirkus oder Varieté vergangener Tage. Unsere nächsten Verwandten sind aber nicht die einzige Attraktion im Leintalzoo. So gibt es außerdem Lemuren, Mandrills oder die drolligen Kapuzineräffchen mit ihrer so typischen Namen gebenden Haartracht. Der 1980 eröffnete Tierpark geht auf eine lobenswerte Initiative zurück, die sich auf den Schutz und die Pflege von vernachlässigten Primaten spezialisiert hat. Dies ist umso wichtiger, je mehr natürlicher Lebensraum der Primaten zerstört wird. Wenn die jüngeren Besucher bei all den aktiven Primaten die Bewegungslust überkommt, ist im Zoo ein vielseitiger Spielplatz mit Rutsche, Klettergerüst und Wasserpumpen installiert, auf dem man ganz äffisch toben darf.

TIPP Am Feierabend kommen, dann ist es ruhiger. Der Tierpark ist bis 20 Uhr geöffnet.

Das naturbelassene Gelände bietet noch genug Raum für heimische Tierarten und ein Feuchtbiotop mit Libellen, Wasserschildkröten und sogar Ringelnattern. In dem vier Hektar großen Park finden sich auch viele stille Ecken, in die man sich glücklich zurückziehen kann und über die so gestaltete Schöpfung sinnieren darf – zum Beispiel über die oben genannte Kokosnuss. Wer dann Appetit verspürt, kann die Cafeteria aufsuchen und ein frugales Mahl zu sich nehmen, um das Glück mit etwas Gesundem abzurunden.

Leintalzoo, Freudenmühle 1, 74193 Schwaigern, Tel. (0 71 38) 52 25
www.tierpark-schwaigern.de
ÖPNV: S 4, Haltestelle Schwaigern-Ost

Der bequeme Weg

6 *Mit dem roten Doppeldecker durch Heilbronn*

Wer als Städtereisender, kurz entschlossener Ausflügler oder auch nur einen Tag blau machen möchte und für 50 Sehenswürdigkeiten hundert Minuten einplant, ist hier goldrichtig. „Very british" steigt man wie ein original Londoner in den rot lackierten Doppeldeckerbus und lässt sich durch Heilbronn kutschieren. Start ist am markanten Neckarturm in der Nähe des ibis-Hotels. In der wärmeren Jahreszeit von Ende März bis Ende Oktober beginnen die Rundfahrten um 10.30, 12.30 und 14.30 Uhr. Die Sehenswürdigkeiten werden über Lautsprecher auf Deutsch vorgestellt, englisch- oder französischsprachige Gäste erhalten Kopfhörer mit entsprechender Übersetzung. Wem die Fahrt mit dem roten Doppeldecker zu teuer ist, kann alternativ mit der günstigeren blauen Linie Heilbronn in einer 45 Minuten langen Stadtrundfahrt erkunden. Die gut geschulten Reiseführer bieten nicht nur nüchterne Fakten zu Denkmälern, Kirchen, Museen und anderen besonderen Sehenswürdigkeiten und Highlights der Stadt, sondern erzählen auch die eine oder andere humorige Anekdote. Spaß muss sein, gerade auf einer Bildungstour, und hier in dem rollenden Informationstheater kommt schnell Urlaubsstimmung auf. Die Route kann jederzeit an acht Stationen, wie zum Beispiel am Bildungs-Campus, am Wartberg oder am idyllischen Trappensee, unterbrochen werden. Sollte der eine oder andere Busreisende einen trockenen Hals bekommen und durstig werden, lohnt es sich, bei der Weingärtnergenossenschaft auszusteigen, um sich in Sachen Heilbronner Weine weiterzubilden und das Angenehme mit dem Nützlichen zu verbinden. Erlesene Württemberger Lagen vom Heilbronner Staufenberg, dem Stiftsberg oder etwa vom Weinsberger Ranzenberg werden hier kredenzt. Nach der Verkostung von zwei, drei Viertele kann man sich anschließend glücklich und entspannt in voller verkehrstechnischer Verantwortung wieder sicher zurückkutschieren lassen, ohne das Glück und die Sicherheit anderer zu gefährden. Bequemer kann man nur in der königlichen Sänfte reisen.

TIPP Am besten den ersten Abfahrtstermin nehmen und die Fahrt mehrmals unterbrechen.

Mit dem roten Doppeldecker durch Heilbronn
ÖPNV: S 4, Haltestelle Neckarturm

SightSeeingTour.Me
WILLMS
www.citytour.de
SU CT 1153

Am Altar des Rebellen

7 *Johanneskirche Schwaigern*

Das kleine, beschauliche Landstädtchen Schwaigern, das heute fern der großen Autobahnen und Verkehrswege liegt, besitzt eine weit zurückreichende Geschichte und hat sich bis auf den heutigen Tag einen kunsthistorischen Schatz besonderer Güte bewahrt. Damals, im Mittelalter noch eine bedeutende Stadt, wurde bereits um 1200 die Johanneskirche erbaut. Ebendort befindet sich der nicht nur unter Kunsthistorikern berühmte Barbara-Altar von Jörg Ratgeb. Seine vermutlich erste Auftragsarbeit, die er in jungen Jahren für die Stadtkirche von Schwaigern erstellte, wurde höchstwahrscheinlich von dem Kirchenherrn Graf Wilhelm von Neipperg gestiftet. Der kaum 21-jährige Nachwuchsmaler Ratgeb schuf hier um 1510 ein Meisterwerk der süddeutschen Frührenaissance. Der Maler und spätere Rebell zeigt auf seiner Altarmitteltafel Szenen mit der heiligen Barbara und ihren Märtyrertod. In klar umrissener Gestaltung der Renaissance führt er uns mit nüchternen Stilmitteln in die religiöse Mystik der Buße und der Leidenswege. Der herausragende Künstler und rebellische Bauernführer wurde 16 Jahre später – nach der Niederschlagung der Bauernaufstände – in der Blüte seiner Jahre wegen Rebellion angeklagt, verurteilt und in Pforzheim gevierteilt. Zuvor aber hat er neben dem Herrenberger Altar, der inzwischen schon längst aus der Kirche abgebaut wurde und nun in der Staatsgalerie Stuttgart zu sehen ist, den Kirchenbesuchern in Schwaigern ein wunderbares Werk überliefert. Beim Anblick all des himmlischen Goldes fühlen auch wir uns gleichsam entrückt in der Hoffnung, nach all den Wirrungen und profanen Tätigkeiten glücklich Ruhe zu finden. Außerdem gibt es in der zweischiffigen Hallenkirche weitere Kunst zu entdecken. Interessant sind die zahlreichen Grabdenkmale mit Stifterfiguren der Kirchenherren. Ein stiller Ort des Glücks, in dem die Zeit angehalten zu sein scheint. Die Johanneskirche befindet sich unweit von Schloss Schwaigern, das im Anschluss zu einer näheren Erkundung einlädt.

TIPP

Am besten morgens kommen, um Stille und Kontemplation für den Tag zu finden.

Johanneskirche, Schlossstraße 6, 74193 Schwaigern

ÖPNV: S 4, Haltestelle Schwaigern (Württ.), ca. 7 Minuten Fußweg

Ruine für Romantiker

8 *Die Löwensteiner Burgruine*

Die Einzelelemente tragen so malerische Namen wie zum Beispiel Flügelmauer, Palas, Zisterne, Torzwinger, Kasemattenturm oder Halsgrabenzwinger, Löwensteiner Kammern und Bergfried. Welcher Freund vergangener Mittelalterzeiten kann hier widerstehen und sich nicht dazu aufmachen, die Löwensteiner Burgruine zu erklimmen. In Stauffer- und vorstaufferischen Zeiten im 11. Jahrhundert erbaut thront sie auf 427 Metern Höhe über dem Landstädtchen Löwenstein in den Ausläufern der Löwensteiner Berge. Die ehemalige Spornburg, die vielfach zerstört wurde, besitzt aber noch immer ihren Treppenturm. Von Anfang März bis Ende Oktober ist der grandiose Aussichtsturm an Wochenenden und Feiertagen für Besucher geöffnet. Von der gut gesicherten Kanzel aus bietet sich eine herrliche Fernsicht über den Schwäbisch-fränkischen Wald. Allein deswegen lohnt sich der Besuch der Ruine, denn an klaren Tagen reicht der Blick bis tief ins Kraichgau zur Burg Steinsberg und in den Odenwald auf den Katzenbuckel oder gar den Königsstuhl. Die fast tausendjährige Anlage lädt durchaus zu längerem Verweilen ein. Die verwunschenen Winkel, das verwitterte Mauerwerk und die in ihrer Grundstruktur erkennbare Architektur bieten dem Besucher allerhand Stoff zum Fantasieren. Nicht umsonst haben die sogenannten LARP-Gruppen (Live-Action-Role-Playing) die Ruine für ihre Improvisationsspiele entdeckt, und so wurde sie in den letzten Jahren zu einem bevorzugten Ort für die Szene. Die fantasievollen Darsteller leben dann in ihrer glücklichen Parallelwelt, dem Mittelalter. Auch wenn die Spielgruppen gerne unter sich bleiben, mit etwas Glück kann man den verkleideten Kobolden, Kräuterhexen, Burgfräuleins oder gar Wilddieben und Knappen in ihrer fantasievollen Kostümierung begegnen und sich ihr Treiben mit etwas Abstand zu Gemüte führen. Eifern wir ihnen nach und werden wir glückliches Burgfräulein und Ritter von der glücklichen Gestalt.

TIPP Musikveranstaltungen oder Mitmachaktionen werden von der Stadt oder der Parkverwaltung organisiert.

- **Burg Löwenstein, Burgweg 2, 74245 Löwenstein**
- **ÖPNV: Bus 645, Haltestelle Rathaus Löwenstein**

Wie es euch gefällt

9 *Die Kunsthalle Vogelmann in Heilbronn*

Wer die Bildhauerei liebt oder ein noch unentdecktes Interesse für die südwestdeutsche Kunst des 19. und 20. Jahrhunderts hat, sollte unbedingt einmal die Kunsthalle Vogelmann besuchen. Diese zwei Schwerpunkte der Präsentation bilden einen äußerst bemerkenswerten Spannungsbogen durch die Kunstgeschichte. Der 2004 verstorbene Sammler Ernst Franz Vogelmann hat zu Lebzeiten die Künstler und Künstlerinnen seiner schwäbischen Heimat geliebt und, wie es sich für einen solventen Sammler gehört, auch aus den Ateliers großzügig angekauft. Unter den mit dem Heilbronner Land verbundenen Künstlern sehen wir die kraftvollen und eindrücklichen Werke von Ida Kerkovius (1879–1970) aus der Stuttgarter Schule, die zu den bedeutendsten weiblichen Vertretern der klassischen Moderne in Deutschland gehört, oder den kaum noch bekannten Heilbronner Maler Karl Hartmann (1861–1927). Der 1915 geborene schwäbische Mäzen sammelte aber auch fleißig seine Zeitgenossen, die abstrakten Nachkriegsmaler ebenso wie beeindruckende Talente aus der zweiten Reihe. Die Ausstellung ist nicht überladen. Die geschickte wie sparsame Präsentation hebt die unterschiedlichen Werke in ihrer Besonderheit hervor, das freundliche Ambiente lässt den Besucher die Kunstwerke eingehend studieren. Wie sagte Herr Vogelmann in seinem 83. Lebensjahr so treffend: „Kunst darf nicht in den Magazinen lagern, sondern muss der Öffentlichkeit gezeigt werden", und so wurde von den Stiftungskuratoren in seinem Geist ein anregender, zeitloser Ort der Präsentation von Kunst geschaffen. Wem bei all der Kunst etwas warm ums Herz wird oder dessen Kopf raucht von der Überdosis an Werk und Kultur, der kann sich in das wunderbar gestaltete Museumscafé begeben, im ray lemon einen kühlen Drink zu sich nehmen und zur glücklichen Entspannung das flanierende Publikum auf der optimal gelegenen Sommerterrasse ins Auge fassen.

TIPP Ein Workshop fördert schlummerndes kreatives Potenzial zutage.

Kunsthalle Vogelmann, Allee 28, 74072 Heilbronn, Tel. (0 71 31) 56 44 20, Parken in der Tiefgarage „Harmonie"
ÖPNV: S 4, Haltestelle Rathaus

Dichtender Pfarrer

10 *Mörike-Museum in Cleversulzbach*

Von der Seite betrachtet zeigt das alte Schulhaus mit seiner schlanken Form und dem Spitzdach geradewegs ins Himmelreich. Hier im Elysium der Dichter befindet sich wohl auch der gottesfürchtige Pfarrer, Wandersmann und bekennende Heimatdichter Eduard Mörike. Für einen sehr bescheidenen Eintritt kann man als interessierter Besucher an Sonn- und Feiertagen von März bis November dem Dichter über die Schulter schauen.

„Im Nebel ruhet noch die Welt, / noch träumen Wald und Wiesen.
Bald siehst du, wenn der Schleier fällt, /den blauen Himmel unverstellt,
herbstkräftig die gedämpfte Welt / In warmen Golde fließen."

Dies schrieb Eduard Mörike in seinem 24. Lebensjahr. Für alle, die ihr poetisches Herz noch nicht entdeckt haben, ist hier der geeignete Ort, dem glücklich machenden Geheimnis der Reime auf die Spur zu kommen. Hier werfen wir einen verklärten Blick auf Federkiel und schöne Handschrift. Auch eine originalgetreue Kopie des alten Turmhahns ist zu bestaunen. Die Behaglichkeit der Biedermeierzeit hat sich zwischen den Ausstellungsstücken bewahrt und lässt dem geneigten Gast genügend Raum für Fantasie und eigene Deutung. Das oben zitierte Gedicht heißt „Septembermorgen" und wurde vom Meister als poetische Beschreibung „seines" geliebten Heimatortes in Briefen gerne vorangestellt. Es lohnt sich, „Die Historie von der schönen Lau" oder „Der Spuk im Pfarrhaus zu Cleversulzbach" zu lesen. Noch besser erspüren kann man Mörikes Poesie bei einem romantischen Leseabend oder bei Führungen durchs Museum. Neben dem Museum hat die Gemeinde Cleversulzbach ihrem ehemaligen Pfarrer einen Rundweg mit zehn Stationen eingerichtet, den sogenannten Mörikepfad. Auf einem dreiviertelstündigen Spaziergang zum Pfarrhaus über den großen Pfarrgarten zum von ihm eigenhändig aufgestellten und beschrifteten Steinkreuz kann man herrlich in das Leben und die Zeit Mörikes eintauchen und sich fern des hektischen Alltags glücklich fühlen.

TIPP
Ein Spaziergang durch die Gassen des 800-Seelen-Dorfes lohnt sich.

Mörike-Museum, Turmhahnstraße 2, 74196 Neuenstadt-Cleversulzbach

Es rappelt in der Kiste

11 *Das Fachwerkhaus mit Superlativ*

Das wohl älteste Fachwerkhaus im Kraichgau, das Bäckerhaus in Eppingen, wurde vor etwa 600 Jahren erbaut, wie Wissenschaftler der Universität dies anhand von dem Gebälk entnommenen Holzproben bestätigt haben. Das Baujahr war demnach 1412, und das im alemannischen Stil erbaute Fachwerkhaus beherbergte lange Zeit den Bäcker mit seiner Backstube. Im zweiten Obergeschoss befindet sich die Figur des schwäbischen Weibles, eine besondere Art der Fachwerkkonstruktion. Altes und Neues findet man auch bei Frau Anke Eberling, der Besitzerin der Rappelkiste – ein schwäbisches „Weible" der Gegenwart, die sich aber gerne mit gebrauchten Dingen umgibt und damit Handel treibt. Wie das Haus, das schon mindestens 25 Generationen erlebt hat, können schöne, alte Dinge einen Zweitbesitzer haben. Aus zweiter Hand heißt nicht zwangsläufig nicht mehr verwertbar. Schöne Dirndl für Kinder, die vielleicht nur einmal getragen wurden, können im zweiten Leben jemand anderen glücklich machen. Hochwertige Qualität reicht über die Zeit hinaus und kann durchaus vererbt werden. Lieber etwas gut Gestaltetes reparieren, herausputzen und wieder nutzen, denn Schönes bleibt schön, wie das renovierte Fachwerkhaus eindrucksvoll beweist. Lernen wir von den Alten, sie bauten Häuser, die Jahrhunderte überdauerten, auch wenn die Decken für uns Heutige etwas niedrig und die Fenster als klein empfunden werden. Schade, dass nicht der eine oder andere alte Wams oder die ledernen Strümpfe der Hausbewohner überdauert haben. Die für uns Zeitgenossen eher klein und verwinkelt anmutenden Innenräume bergen ein Stück schützender Behaglichkeit und vermitteln ein Gefühl der Geborgenheit. Die Rappelkiste wäre der richtige Ort, um auch diese mittelalterlichen Kleidungsstücke wieder ins rechte Licht zu setzen – das wäre eine schöne Rappelkisten-Mode. Doch wer weiß, vielleicht haben wir großes Glück und finden im Bäckerhaus im hintersten Eck einen verborgenen Schatz, der uns eine glückliche Zweitnutzung gestattet.

TIPP Am Nachbarhaus auf die frei gelegten Zunftzeichen achten, in Eppingen ist noch viel Mittelalterliches zu entdecken.

Rappelkiste: Anke Eberling Secondhandshop, Altstadtring 36, 75031 Eppingen, Tel. (0 72 62) 25 97 64

ÖPNV: S 4, Haltestelle Eppingen, ca. 5 Minuten Fußweg

Baby- und Kinderwarenbörse
Rappelkiste
Anke Eberling
1. Wahl aus 2. Hand

Träumen in Bäumen

12 *Baumhaushotel am Wildparadies Tripsdrill*

Wo bitte geht's ins Auenland? Wohnen hier die Waldelfen oder gar Trolle? Hat Tolkien die Vorlage geliefert? Auf alle Fälle sind die Baumhäuser mit Liebe gemacht. So das Motto des bereits 1929 gegründeten Erlebnisparks Tripsdrill. Wer wollte nicht einmal fantasievoll und heimelig übernachten? Hier sind Glücksgefühle angesagt. Der älteste Freizeitpark der Republik ist alles andere als altbacken und fade. Mit den ganz aus nachwachsenden Rohstoffen und Robinienholz gebauten Baumhäusern ist das auch im Winter geöffnete originelle Hotel der ökologischen Art aktueller denn je. Nicht nur Kinder sind begeistert von den robusten Räumlichkeiten in bis zu fünf Metern Höhe. Mit Blick auf das lauschige Blätterdach bieten die Veranden eine einzigartige Erfahrung von Naturnähe. Runde Fenster und verwunschene Giebel geben auch Erwachsenen das behagliche Gefühl, sich im Märchen einquartiert zu haben. Bis zu sechs Personen finden Platz in den mit Kaffeemaschine, WLAN und Fußbodenheizung luxuriös ausgestatteten Baumhäusern unterschiedlicher Größe. Ideal für abenteuerlustige Stadtfamilien, denn gleich nebenan gilt es, das Wildparadies zu entdecken. In Vorfreude auf die geruhsame Nacht kann man zwischen den Wipfeln den Barfußpfad begehen oder der Flugvorführung der Greifvögel beiwohnen, wenn die Falkner die Milane, Bussarde oder Eulen und Adler von ihren Lederhandschuhen zu Flugkunstdarbietungen entlassen. So nah wie zu den Wipfeln kommt man auch den Tieren, wenn die Pfleger die Paarhufer wie Mufflons, Schafe oder Esel füttern und ganz nebenbei viel Wissenswertes über den Wolf, den sagenumwobenen Meister Isegrim, erzählen, der seit ein paar Jahren wieder in Deutschland sesshaft geworden und neuen Anfeindungen ausgesetzt ist. So wird das Ausflugsmärchen zum umfangreichen Bildungs- und Erlebnispaket. Wie sagt man im Ländle: „Net g'schimpft isch au scho g'lobt" – hier werden kleine und große Träume wahr und die Kinder brav vor Begeisterung. Dieser Satz gilt natürlich auch für Erwachsene, die sich ihr glückliches Gemüt bewahren wollen.

TIPP

Ruhig auch mal ein Baumhaus in der Wintersaison buchen!

Baumhaushotel, Wildparadies-Tripsdrill-Straße 2, 74389 Cleebronn, Tel. (0 71 35) 99 93 33
www.tripsdrill.de
ÖPNV: Bus 662, Haltestelle Tripsdrill Erlebnispark

Ahorn-
wipfel

Von Kässpätzle bis Tapas

13 *Das Palmbräuhaus in Eppingen*

Betritt der hungrige Gast den von vier Seiten umfriedeten Biergarten, empfängt einen der plätschernde Springbrunnen und viel kühlender Schatten – ein ungewöhnlich beschauliches Plätzchen. Fast schon wie im sommerlichen Andalusien bietet der wunderbar von Pflanzen beschattete Bereich einen herrlichen Platz zum Verweilen. Der neue Wirt mit dem beeindruckenden Namen Gerardo Airabella Bailon ist Spanier mit Leib und Seele und zudem mit schwäbischem Geschäftssinn und badischer Gelassenheit gesegnet. In seinem Biergarten serviert er neben Maultaschen und Flammkuchen auch seine geliebten Tapas, die der gelernte Koch natürlich nach original spanischen Rezepten selbst zubereitet. Wer kennt nicht die kleinen Leckereien und Appetithäppchen von der Iberischen Halbinsel. Und wie verblüffend gut schmecken sie doch zum deutschen Bier. Überhaupt passt die Tortilla aus Kartoffeln, die rund um Eppingen aufs Beste gedeihen, wie Deckel auf Topf in die Stadt des nahrhaften Nachtschattengewächses. Vom Stammbrauhaus des lokalen Palmbräus, das gleich um die Ecke liegt, könnte man die Fässer geradewegs die Straße herunterrollen. Trotz einiger Krisen, die das lokale Bier überwinden musste, wird es von den Eppingern nach wie vor heiß geliebt, denn ihr Bier ist ja der Stolz des Kraichgaus. Und schließlich ist Hopfen und Malz nicht verloren, solange man den Gerstensaft zusammen mit leckeren Speisen genießen kann. Zum guten Essen gehört eben das einheimisch vertraute Bier, um das kulinarische Glück zu vollenden. Hoffen wir für die alteingesessenen Eppinger und ihre neuen Spezialisten für guten Geschmack auf eine genussreiche Zukunft und große Auswahl an kulinarischen Leckerbissen. Essen an frischer Luft soll ja besonders glücklich machen, sollte es aber doch etwas zu kühl werden, wechselt man einfach nach innen in die gemütliche Bar und stärkt sich zum Abschied mit etwas Hochprozentigem zur Verdauung und für eine geruhsame Nacht.

TIPP Mal die Genussrichtung wechseln und ein paar Tapas als Vorspeise zu Gaisburger Marsch bestellen.

Palmbräuhaus, Rappenauerstraße 5, 75031 Eppingen, Tel. (0 72 62) 84 22
www.palmbraeuhaus.de
ÖPNV: S 4, Haltestelle Eppingen

Palmbräu
Bier des Monats

Idyll am Straßenende

14 *Die Hagwaldhöfe in Schwaigern*

Wer auf den Hagwaldhof kommt, sollte eine vertrocknete Brezel mitbringen. So macht man sich bei Lilo und Heggi beliebt und darf auch zu ihnen ins Gehege. Gemeinsam mit der gastgebenden Bauernfamilie Frank sorgen die Ziegen für gute Stimmung. So kurz hinter der alten badisch-württembergischen Grenze ist es gar nicht sonderbar, dass die Ziegen hier Brezeln so gern mögen. Überhaupt sind die beiden geräumigen Ferienhäuser für Tierfreunde, die ihre vierbeinigen Kameraden mitbringen wollen, sowie für Familien mit aktiven Kindern besonders geeignet. Am Ende der Straße gelegen, den Streichelzoo vor der Nase, von Wald und Wiese umgeben, ist der Einzige, der dieses Idyll und die natürliche Stille stören könnte, man selber. Hier heraus ans Ende des Leintals fährt nur das eigene Auto oder der Traktor von Bauer Frank, der sich um die Gerste, den Dinkel und den Weizen kümmert, der hier prächtig gedeiht. Wer sich ein Bild vom anstrengenden, aber glücklichen Landleben machen will, sollte sich mal ein paar Tage Auszeit gönnen. Bei Familie Frank ist es ruhig und günstig, die zweigeschossigen Holzhäuser sind großzügig ausgebaut und bieten auch Familien mit Kindern genügend Raum und Gelegenheit, sich einen abwechslungsreichen, anders gearteten Urlaub zu gönnen. Den teuren Eintritt in die Kletterwandhalle kann man sich sparen, wenn man zur Erntezeit der Sauerkirschen auf den Hof kommt und für sein Kraxeln mit selbst geerntetem Obst belohnt wird. Hier darf der Erntehelfer in eigener Sache nach Herzenslust in den Bäumen klettern und die Kirschen selber pflücken, denn so schmecken sie am besten.

TIPP Ideal für Tierfreunde, denn in der Nachbarschaft befindet sich ein Pferdehof.

Und wenn die Ferien zu Ende sind, die Kinder wieder in die Schule müssen und die Hunde in der Stadt Gassi gehen, können sich die Frischverliebten einquartieren und im Winter über die romantisch verschneite Landschaft spazieren. Frau Frank hat uns versichert, dass die Hütten bestens isoliert und mit eigenem Solarstrom beheizt werden. Was will man mehr, um dem Glück zu huldigen?

Hagwaldhöfe Familie Frank, Ottilienhöfe 3, 74193 Schwaigern-Niederhofen, Tel. (01 72) 8 95 28 69

Hoch hinaus ins Glück

15 *Die Heuchelberger Warte*

Weithin sichtbar steht der altehrwürdige Wehr- und Wachturm auf dem Heuchelberg. Hat hier schon jemand einen Ritterfilm gedreht? Wo sind die Burgfräuleins? Kommt gleich ein Gespenst die Wendeltreppe herab? Bereits 1483 wurde der runde Steinturm unter dem Württemberger Grafen Eberhard im Bart an der Grenze zu Baden erbaut, um vor eventuell heraneilenden Feinden und Kriegsheeren zu warnen. Doch Gott sei Dank kam es nie zu militärischen Gefechten an dieser Stelle, und das einst militärische Bauwerk blieb weitestgehend erhalten. Der alte Turm mit dem traumhaft weiten Blick ins Unterland und über den Großteil des Heilbronner Landes ist 1898 und 1952 generalüberholt, renoviert und für den öffentlichen Besucherverkehr freigegeben worden.
Das unverschlossene Spitzbogenportal, märchenhaft von Eichenlaub beschattet, lockt den Besucher auf die bereits hinter dem Eingang sichtbare Wendeltreppe. Fast möchte man nach oben rufen und Rapunzel bitten, ihren Zopf herunterzulassen, doch im Gegensatz zu früheren Zeiten kann der Turm jetzt ebenerdig bestiegen werden. Auf halber Höhe ist ein gotisches Fenster eingelassen, hier war der alte Einstieg für die Wachsoldaten, sodass sie auch im Notfall den Turm gut aus der Nähe verteidigen konnten. Die enge Wendeltreppe führt uns weiter nach oben, um dem Besucher eine luftige Rundumsicht zu präsentieren. Wenig überlaufen ist die Heuchelberger Warte noch ein Ort, den man unter der Woche fast alleine oder mit der Herzensdame des Vertrauens genießen kann. Ein idealer Platz, um sich einmal nach einem heißen Tag den lauen Wind um die Nase wehen zu lassen. Wer in solch einem Ambiente Hochzeitsfotos machen möchte, findet hier märchenhafte Bilderbuchmotive. Besonders beeindruckend ist die blaue Abendstunde, wenn die Schatten länger werden und die Reihen der Rebstöcke in den Weinbergen beeindruckende Geometrien aufzeigen – ein Farbenspiel des Glücks.

TIPP Zu Fuß ist es ein schöner Aufstieg von Leingarten durch die Weinberge. Hier kreuzen sich zwei Weitwanderwege.

Auf dem Heuchelberg 1, 74211 Leingarten

ÖPNV: S 4, Haltestelle Leingarten-Mitte, danach 60 Minuten zu Fuß auf den Heuchelberg

Über Stock & Stein

16 *Erlebnispfad Untergruppenbach*

Nein, wir beginnen nicht mit den Waldliegen. Obwohl – eine kontemplative Einstimmung auf die kommenden Erlebnispfadherausforderungen wäre gar nicht so unpassend. In der Ruhe soll ja angeblich die Kraft liegen. Aber Scherz beiseite, die Holzhängematten sollte man erst genießen, nachdem man schon einige skurrile Aktivitäten auf dem Erlebnispfad in Untergruppenbach absolviert hat. Die familienfreundliche Gemeinde hat hier rund um die Burg Stettenfels einen wunderbaren und liebevoll gestalteten Parcours durch den Wald gelegt. An heißen Sommertagen bietet der abwechslungsreich angelegte Rundweg eine Reihe von Aktivitäten. Die Wege, sogar mit Kinderwagen befahrbar, können auch abgekürzt werden. So kann der Besucher auf dem bodennahen Seil sicher balancieren, dem Klangholz Töne entlocken oder sich zum Beispiel über den rätselhaften Steinkreis mit mystischen Zeichen Gedanken machen. Der originelle Rundweg mit seinen zahlreichen Stationen verläuft die meiste Zeit unter schattigen Waldbäumen und bietet sowohl körperliche Ertüchtigung wie Anregendes für den Geist. Man kann sich auf den Waldthron setzen, sich im Arboretum informieren oder den Mammutbaum besichtigen, alles umsonst und draußen. Auf jeden Fall sollte man genügend Zeit einplanen und natürlich die Aussicht auf das beschauliche Untergruppenbach genießen. So vielseitig und bunt ist wohl kaum ein anderer Spaziergang, ein Erlebnis, das man mit allen Familienmitgliedern oder Freunden teilen kann. Wer danach Energie übrig hat, kann sich auf dem Spielplatz glücklich schaukeln oder den Grillplatz um die Ecke aufsuchen und mit seinen Erlebnispfad-Nutzern bei mitgebrachtem Grillgut, wie den klassischen roten Würstchen mit selbst gemachtem Kartoffelsalat, viel guter Laune und gekühlten Getränken das Programm abrunden. Nach der sportlichen und denksportlichen Pflicht darf es ruhig auch die kulinarische Kür geben, um den Tag harmonisch ausklingen zu lassen. Solch einfache Freuden wie gelöste Rätsel oder bestandene Herausforderungen treiben das persönliche Glücksbarometer in die Höhe.

TIPP

Die Burg Stettenfels ist fußläufig gut zu erreichen.

- **Erlebnispfad Untergruppenbach, 74199 Untergruppenbach**
- **ÖPNV: Bus 642 oder 645, Haltestelle Untergruppenbach**

WALDLIEGE
E
Erlebnispfad

Glück im Becher

17 *Das Eiscafé Europa in Eppingen*

Zentraler und besser geht es wirklich nicht! Die Lage – gleich neben dem Rathaus mit Blick aufs Herz von Eppingen – und dazu eine echte Nummer eins für Leckermäuler. Unter den Sonnenschirmen auf dem Marktplatz ist immer viel Betrieb, denn hier schauen die Eppinger und ihre Besucher mindestens einmal am Tag vorbei. Neben den großzügig portionierten Eisbechern gibt es das beliebte Spaghettieis, Milkshakes à la americana und den original italienischen Kaffee. Ja, man braucht stets gute Zutaten, fantasievolle Rezepte und viel Amore, dann klappt das auch mit dem leckeren Eis – Milch, frisches Obst immer in bester Qualität sowie eine Prise mit einem ganz persönlichen Geheimnis. Die Geschäftsführerin und Eisexpertin Signora Loredana Magri kam schon als Baby mit ihren Eltern aus Sizilien nach Deutschland. Das Dolce Vita – das süße Leben – wurde ihr quasi in die Wiege gelegt. Nein, der Name Eiscafé Europa stammt nicht von ihr, sondern von ihrem Schwager, der es im Jahr 2002 eröffnet hat. Damals kreierte er sogar noch seine berühmten Eistorten für besondere Anlässe. Eine lustige Truppe steht hinter der Theke, die mit sympathischer Geschäftigkeit und italienischer Grandezza die Eiskreationen serviert. Ob Zuppa inglese, Malaga, Pistazien oder auch die klassischen Sorten wie Schokolade und Vanille – egal, der Schwager kann das Servieren nicht lassen und bleibt so im Austausch mit den Eppingern und ihrem Tratsch und Klatsch. Ja, das Eiscafé Europa ist noch immer sein Baby. Viele Stammkunden haben es lieben gelernt und finden sich hier regelmäßig zu einer süßen Pause ein. Auch auswärtige Gäste verweilen gerne an diesem Ort, von dem aus sie sich eine erste Orientierung mit Überblick auf das Zentrum Eppingens machen können. Wer es etwas größer mag, kann sich den riesigen Europabecher bestellen und hurtig aufschlecken, bevor er im Sommertag dahinschmilzt. Wie heißt es so schön: Sauer macht glücklich? Nein, im Eiscafé Europa macht Süßes noch glücklicher!

TIPP Ein Spaghettieis Negri mit starkem Espresso dazubestellen. So viel Pause muss sein.

Eiscafé Europa, Marktplatz 1, 75031 Eppingen, Tel. (0 72 62) 60 96 59
ÖPNV: S 4, Haltestelle Eppingen, ca. 10 Minuten Fußweg

Starke Frauen

18 *WingTsun Akademie in Heilbronn*

Grenzen ziehen, Grenzen bewachen und Grenzen verteidigen, so funktioniert die Selbstverteidigung mit Köpfchen von Katharina Höfer. Die Trainerin und Meisterin der WingTsun-Kampftechnik, weiß, wovon sie redet, und zeigt hier von Frau zu Frau, auf welche Tricks es im Ernstfall ankommt. Mit der Blitz-Verteidigung lernt auch die friedvollste Frau, sich durch Konzentration auf das Wesentliche effektiv zu schützen, schon im Vorfeld zu agieren und sich Respekt zu verschaffen. Gemeinsam wird die Frauenverteidigung mit teilnehmenden Männern geübt, denn auch die Herren der Schöpfung können, plötzlich von ihrem Latte Macchiato hochgeschreckt, unvermittelt mit Gewaltausbrüchen konfrontiert werden. So lernen sie, ihrer Freundin bei Gefahr beizustehen oder auch sich selber effektiv zu wehren. Charmant und kompetent leitet die ausgeglichene Kampfsportmeisterin die Eleven an, damit sie mit neuem Körperbewusstsein der Gefahr widerstehen, Bedrohungen erkennen und abwehrbereit sind. Unsere uralten Instinkte müssen gerade in den heutigen Tagen wieder geweckt werden, denn jede Frau ist stark, wenn sie es sein will.

TIPP Als Einstieg eignet sich auch Chi Kung, um erst mal die müden Glieder zu dehnen und wieder fit zu werden.

Der Grundkurs von nur drei Stunden Länge beinhaltet die wichtigsten Informationen zum Thema Gewalt gegen Frauen. Übungen zum Einsatz der Stimme und der Körpersprache sowie einfache, aber effiziente Techniken, sich aus Griffen und Umklammerungen zu befreien und die Schlagkraft zu stärken, sind ein wichtiger Bestandteil des Kurses. Hier lernt man, auf eventuelle Angreifer, die einem in jeder Situation gegenüberstehen können, einen entschlossenen Eindruck zu machen. Im Kurs enthalten sind vier weitere Trainingseinheiten zum Erlernen des WingTsun – ein gut investierter Beitrag in die eigene Unversehrtheit und der Beginn für eine Fortführung der Verteidigungsbildung, die zu mehr Selbstvertrauen und Selbstbehauptung führt. Was könnte glücklicher machen, als aus sich selbst Kraft und Energie zu schöpfen und sich im künftig latent aggressiver werdenden Umfeld durch sicheres und selbstbewusstes Auftreten zu behaupten.

WingTsun Akademie, Lise-Meitner-Straße 25, 74074 Heilbronn, Tel. (0 71 31) 9 41 43
ÖPNV: Bus 61, 64, 651, Haltestelle Schwabenhof

Schönes aus aller Welt

19 *Der Weltladen in Schwaigern*

Ein Laden für die Welt. Eine Welt im Laden. Noch vor Jahren sprach man von den „Dritte-Welt-Läden“, und jeder wusste sofort, wo es die regenfesten und superwarmen Lama-Jäckchen zu kaufen gab. Den Kaffee aus Nicaragua oder sogar den allerersten Ökoreis aus Vietnam besorgte man dort und verschenkte ihn gerne weiter. Hippie-Modeartikel aus der Zeit, als man mit großem Engagement auf Plastik verzichtete und mit Jutetaschen einkaufen ging, auf denen dann mit Pflanzenfarbe gedruckt stand: Jute statt Plastik. Heute haben sich die meist von Vereinen betriebenen Läden, wie auch der Weltladen in Schwaigern, durchaus etabliert und ihr Sortiment weiter ausgebaut. Die Überschüsse aus dem Weltladen in Schwaigern kommen zum Beispiel einem Regenwald-Schutzprojekt in Brasilien, einem Landkrankenhaus in Bolivien oder Aidskranken in Südafrika zugute. Faires Handeln gibt den Kreativen in anderen Teilen der Welt Mut, Taschengeld und die Chance auf Erfolg. Handel verbindet und stärkt den Käufer und den Verkäufer. Wenn ein Handwerker seine Dinge verkaufen kann, findet er auch zu mehr Selbstvertrauen. Im Weltladen in Schwaigern können wir auf Entdeckungsreise gehen und originellen und gut verarbeiteten Schmuck aus Indien und Peru – Ketten, Ohrringe und Ringe von kleinen Handwerksbetrieben – anprobieren. Damenhandtaschen sind hier durch originell gestaltete Elemente bereichert worden. Da die Hersteller sich auf ihre Wurzeln und ihre eigenen Vorstellungen, z. B. von Transportbehältnissen, besinnen, findet man oft Ungewöhnliches, das mit lokalen Materialien auf neue Weise erstellt wurde. Jenseits der bekannten Marken, die wir aus unseren Boutiquen kennen, gibt es hier eine andere Mode, die durch ihre liebevolle Behandlung und Einzelherstellung zu einem Lieblingsstück werden kann. Ja, auch die Shopping Queen kann hier ihre Entdeckungen machen. Lassen wir uns inspirieren und reichen unsere Glücksgefühle mit dem Kauf weiter an die fleißigen Hände am anderen Ende der Welt.

TIPP Erstehen wir doch mal ein Reisesouvenir hier vor Ort.

Weltladen in Schwaigern, Marktstraße 6, 74193 Schwaigern, Tel. (0 71 38) 81 00 48

ÖPNV: S 4, Haltestelle Schwaigern, ca. 10 Minuten Fußweg

Welt laden
Familiengottesdienst

Dem Himmel entgegen

20 *Die Robert-Mayer-Sternwarte in Heilbronn*

Im Ländle von Johannes Kepler, dem berühmten Astronomen und Entdecker der gleichnamigen Gesetze aus Weil der Stadt, und dem Mathematiker und Astronomen Wilhelm Schickard aus Herrenberg, nach dem sogar ein Mondkrater benannt wurde, wundert es nicht, dass über viertausend Weltraum- und Sternenfreunde alljährlich die Robert-Mayer-Volks- und Schulsternwarte auf dem Dach des gleichnamigen Robert-Mayer-Gymnasiums besuchen. Von der Generation Mondlandung, die noch mit Kinderaugen die faszinierenden Hopser der Mondfahrer im Schwarz-Weiß-Fernseher bestaunt hat, bis zu den Nachwuchssternenguckern, die in ihrer Fantasie wohl demnächst im Orbit Urlaub machen werden, sind sie alle die 96 Stufen hinaufgestiegen, um dieses einzigartige Juwel der Technikgeschichte zu bestaunen. Dieser, auf dem Dach der Schule mitten in Heilbronn befindliche himmlische Glücksort diente seit Ende des 19. Jahrhunderts der astronomischen Beobachtung. Gut ausgestattet können hier nachwachsende Schülergenerationen mit den unendlichen Weiten jenseits der Stratosphäre vertraut gemacht werden. Technisch interessierte Besucher können interessante wie ungewöhnliche Gerätschaften bestaunen, zum Beispiel Teleskope, Thedolite oder Astrokameras – wer hat so etwas schon aus der Nähe erlebt? Der Coudé Refraktor wurde von Carl-Zeiss Jena gebaut und dient vor allem der Mond- und Planetenbeobachtung innerhalb unseres Sonnensystems. Seit 1983 ist dieses beeindruckende Teleskop im Dienst und von den rührigen Unterstützern der Sternwarte durch Spenden finanziert. Schon von außen sieht das drehbare Kuppeldach wie der Teil einer verwunschenen Kulisse aus einer Jules-Verne-Verfilmung aus. Hier ist man den Geheimnissen auf der Spur. Ja, auch formschönes technisches Gerät kann zu Träumereien inspirieren, denn Romantiker, Träumer und Sternschnuppen-Entdecker kommen hier voll und ganz auf ihre Kosten. Fernweh kann glücklich machen, auch wenn wir die Vorstellung der Unendlichkeit nicht ganz erfassen können.

TIPP

Wie wäre es mit einem Stern bzw. einer zertifizierten Sternpatenschaft als Geschenk?

Robert-Mayer-Sternwarte, Bismarckstraße 10, 74072 Heilbronn, Tel. (0 71 31) 8 12 99
https://sternwarte.org
ÖPNV: S 4, Haltestelle Rathaus, ca. 5 Minuten Fußweg

Kunst unter freiem Himmel

21 *Skulpturen in der Gemeinde Güglingen*

Wer die kleine, überschaubare Gemeinde Güglingen im Zabergäu mit ihren knapp 6500 Seelen besucht, fragt sich schnell, ob sich hier der Gemeinderat samt Bürgermeister seit Jahren aus Kuratoren, Kunstsammlern oder Bildhauereibegeisterten zusammensetzt. Der Besucher staunt über die vielen Kunstwerke im öffentlichen Raum, die in dieser nicht allzu großen Ortschaft an fast allen möglichen Stellen installiert sind. Zur wunderbar idyllischen Lage inmitten von Weinbergen trägt die Kunst viel zur Verschönerung bei, denn über fünfzig Kunstwerke sind zu betrachten, was selbst für eine größere Stadt eine stattliche Anzahl wäre. Neben dem lustigen Weinbrunnen gibt es sogar eine Sphinx – eine eingelassene Bodenskulptur, die den neunten Längengrad symbolisiert, der mitten durch Güglingen verläuft. Rätselhaftes wechselt sich ab mit Humorigem, Figürliches mit Kuriosem. Fast schon selbstironisch stehen die enigmatischen Gestalten im Einheitslook auf ihren angewachsenen Beistelltischen und beobachten mit skeptischem Blick wohl gerade ein UFO. Die Güglinger Skulpturen sind mit Bedacht sehr gut ausgewählt worden und treffen mit ihren vielseitigen Ansätzen und Ideen den Geschmack von vielen. Ja, hier kommt nicht nur der vorbeiziehende Wandersmann, sondern auch der erfahrene Kunstkenner ins verzückte Grübeln.

TIPP Selfies mit Kunstwerk können hier zum Konzept werden.

Gratulieren wir an dieser Stelle einmal ganz besonders den wohlwollenden Kunstförderern der Gemeinde und begeben uns auf diesen einzigartigen wie spannenden Glückspfad. Ideengeber für diese Kunst „umsonst und draußen“ war die Initiative und Bürgerstiftung „Kunst für Güglingen“ des Architekten Heinz Rall.

Wer von den in Stein gehauenen oder in Metall gegossenen Werken genug gesehen hat, sollte sich auf den Weg hinauf zur Burgruine Blankenhorn begeben. Hier, auf dem fast 400 Meter hohen Bergsporn, findet man den idealen Ort, die künstlerischen Glücksmomente zu verarbeiten und die weite Sicht ins Land zu genießen.

Skulpturen Güglingen, 74363 Güglingen
www.buergerstiftung-kunst-gueglingen.de/kunstrundgang.htm
ÖPNV: Bus 661, Haltestelle Güglingen

Ein Stück heile Welt

22 *Mein Fliegenpilz in Abstatt*

So jedenfalls wirbt die Inhaberin Daniela Herbey für ihr Lädle in Abstatt. Nein, hier gibt es keine Pilze oder Pflanzen, hier geht es grundanständig zu – urschwäbisch eben. Sucht man ein rosa Teeservice, robuste Strampelhosen oder selbst gemachte Stoffpuppen im Hasendesign, ist man im Fliegenpilz genau richtig. Hier findet die Kundin ein vielseitiges Angebot und ein wahres Shoppingerlebnis, das man so weit weg von der Metropole gar nicht erwartet hätte. Es ist eine Villa Kunterbunt für den familienorientierten Verbraucher, und man glaubt, gleich käme Pippi Langstrumpf hinter der Theke hervor und würde einen aufs Originellste beraten. Doch auch ohne die rotbezopfte Freundin des Unkonventionellen werden hier Wünsche wahr. Seit 2017 befindet sich der Fliegenpilz in den neuen Räumlichkeiten, in denen auch die beliebten Gartenartikel und Kerzenleuchter präsentiert werden. Die eigene Kollektion mit dem persönlichen locker und bequemen Schlamperlook in etwas verblasster Farbigkeit, Stofftaschen und diverse lederne Taschen kann man auch ganz modern über den Online-Shop beziehen. Die echten Fans kommen aber gerne auf ein Pläuschchen vorbei, um Neues zu erstöbern. Hier wird man fündig, denn die engagierte Besitzerin will sich auch selbst überraschen. Schon vor Jahren hat sie ihre Spürnase auf Antikmärkten und Auktionen erprobt. Die aus einer Händlerfamilie stammende Fliegenpilzchefin hat wohl den Sinn für das Schöne und Praktische vererbt bekommen. Besonders originell und wunderbar gestaltet sind die Kinderspielsachen, die eine wirklich ästhetisch zeitlose Anmutung haben. Knuddelige Stofftiere wie etwa sympathische Schweine, bezipfelmützte Mäuse-Ballerinas und schlaksige Schlappohrpuppen können sogar noch erwachsene Seelen erreichen und glückliche Erinnerungen wachrufen. Und wie sagt man so schön im Ländle: „a bissle isch imma no mehr wie gar nix“ Und an diesem Glücksort gibt es immer noch a bissle mehr an schöne Sache zu entdecken, um sie dann mit hoim zu nehme.

TIPP

Hier gibt es außergewöhnlich originell bedruckte Fliesen.

Mein Fliegenpilz, Beilsteiner Straße 9, 74232 Abstatt
www.meinFliegenpilz.de
ÖPNV: Bus 642, Haltestelle Abstatt

Ge-
burtstags-
ständchen
HAPPY BIRTHDAY
Alles Gute!

Trapp, trapp, trapp

23 *Schlösschen am Trappensee*

Am Ostrand der Stadt Heilbronn gelegen spiegelt sich das markante Schlösschen mit einem Zugangsweg im Trappensee. Nach dem flugfähigen Großvogel benannt, hätte man gute Lust, ein paar gewagte Flügelschläge zu tun und den beeindruckenden Ort einmal von oben zu betrachten. Das Schlösschen am Trappensee liegt wunderbar eingebettet in die noch nicht verbaute grüne Landschaft. Von solchen Örtlichkeiten kann man träumen. Flaneure, Spaziergänger und ambitionierte Wanderer finden hier an dem von 1575 bis 1576 erbauten Renaissance-Schlösschen einen wunderbaren Ausgangspunkt. Geschmackvoll spiegelt sich das Schmuckstück im Wasser. An dem dreigeschossigen Gebäude auf quadratischem Grundriss befindet sich auf der Südseite ein Portikus mit vier Säulen und einem Balkon. Später wurde es noch mit barocken Elementen bereichert, mehrmals umgebaut und umgenutzt. Hier könnte man durchaus Märchen- oder Degenfilme drehen, doch bis 2017 trafen sich solvente Kunstfreunde, um in diesem einzigartigen kulturellen Ambiente ihre Kunst zu ersteigern. In unserem demokratischen Zeitalter soll das Schlösschen jetzt endgültig der Bevölkerung zugänglich gemacht werden. So wird neben der Öffnung für kulturelle Veranstaltungen wie Lesungen und Ausstellungen mit heimatlichem Bezug bereits auch die Möglichkeit zur standesamtlichen Eheschließung geboten. Was kann es für ein Brautpaar Schöneres geben, als sich im Märchenschloss trauen zu lassen und mit wehendem Schleier auf dem Renaissancebalkon zu stehen, den Brautjungfern zuzuwinken und großzügig Blumen zu werfen. Bei strahlendem Sonnenschein ist dies ein Glückstag ohnegleichen, an dem man sich, wie aus der Zeit gefallen, das Ja-Wort geben kann.
Der Vogelname stammt allerdings vom Bürgermeister Ludwig Trapp aus dem 17. Jahrhundert. Wie wir aber wissen, verleihen glückliche Gefühle Flügel.

TIPP Im Sommer stehen Liegen am Trappensee und laden zum Verweilen ein.

Schlösschen am Trappensee, Trappensee 1, 74074 Heilbronn
ÖPNV: S 4, Haltestelle Trappensee

Das Glück dieser Erde

24 *Der Ottilienhof in Schwaigern*

Es führt kein anderer Weg zur Pferdepension von Frau Nicole Emky. Die alleinige Managerin und studierte Sozialpädagogin betreibt seit 2009 im idyllischen Leintal die Pferdepension Ottilienhof. Das spärlich besiedelte Tal bietet den Pferden optimale Bedingungen. Die dort beheimateten Isländer oder Islandpferde sind robuste Gangpferde mit einem Stockmaß von 128 bis 148 Zentimetern und haben sogar eine eigene Gangart – den Tölt. Die reinrassigen Islandpferde, die einmal die Insel verlassen haben, dürfen allerdings nie wieder zurück in ihre alte Heimat. Das macht ihnen nichts aus, denn die Pferde fühlen sich auch im schwäbischen Klima des Heilbronner Lands pudelwohl, haben auf dem Ottilienhof ihre neue Wahlheimat gefunden und sind gut integriert. Mit den momentan 28 Pferden – die meisten sind Pensionspferde – hat sich die Chefin der Reitausbildung verschrieben. Platz ist genug da am Ende des Tals, das in einer Sackgasse mündet. Für das tägliche Training stehen eine Reithalle, ein Longierzirkel sowie das wunderbare Ausreitgelände zur Verfügung. Für Unterstützung sorgt ein Mitarbeiter für den Stall. Ansonsten verkörpert Nicole Emky die Hundert-Prozent-Frauenquote in ihrem Einfrau-Betrieb. Ob das Glück dieser Erde wirklich auf dem Rücken der Pferde zu finden sei? „Ja, aber ganz sicher", sagt Frau Emky und fährt mit den Fingern wie zur Bestätigung durch die Pferdemähne.

TIPP

Die Pferdepension am Tag der offenen Tür besuchen.

Auch Besuchern mit wenig Pferdeerfahrung vermitteln die glücklichen und entspannten Tiere ein wohliges Gefühl und machen Lust auf einen Ritt durch das idyllisch gelegene Tal. Doch vor dem Genuss steht die Übung und das Können. Wer diese Atmosphäre schnuppern möchte, kann sich auf dem Ottilienhof gerne für ein paar Tage in einem der Fremdenzimmer als Gast einmieten und die behagliche Gelassenheit spüren. Denn: Das Glück dieser Erde liegt eben doch auf dem Rücken der Pferde.

Ottilienhof Nicole Emky, Ottilienhöfe 2, 74193 Schwaigern, Tel. (01 70) 5 25 16 61
www.nicole-emky.de

Unter Schatzsuchern

25 *Geocaching in Untergruppenbach*

Wer will noch mal, wer hat noch nicht? Beziehungsweise, wer sucht, der findet! Hier werden die detektivischen Spürnasen zu ihrer vollsten Zufriedenheit herausgefordert. Für den neuen Trend, der junge wie erfahrene Schatzsucher gleichermaßen begeistert, hat die Gemeinde Untergruppenbach einen schönen Einstieg bereitgestellt. Von wegen, die Jugend sitzt nur vor der medialen Mattscheibe, nein, dieser neue Sport, der natürlich auch von älteren Schatzsuchern angenommen wird, hält einen richtig auf Trapp und befördert die klassische, analoge Bewegung. Das beschauliche Untergruppenbach mit seinem Schloss und seiner idyllischen Lage eignet sich außerdem ausgezeichnet dafür, vielleicht das neue Mekka der Geocaching-Gemeinde zu werden. Wer die Natur liebt, gerne draußen ist und sich auch für knifflige Fragen und Rätsel interessiert, ist hier goldrichtig. Apropos Gold – der Geocache-Begeisterte findet in den bereitgestellten Koordinaten keine antiken Münzen oder gar römische oder keltische Kleinode, er sucht nach gut versteckten und verschlossenen Behältnissen mit Hinweisen, die ihn zur nächsten Station weiterführen. Hat man alle Fragen richtig beantwortet, verfolgt der Sucher die Spur weiter bis zum Ende. Hier wartet dann die Auflösung, und der eigentliche „Schatz“ ist die erfolgreich beendete Suche, die eigene Ausdauer und das Wissen. Die mit dem GPS, dem Global Positioning System, gefundenen Verstecke können in immer neuen Varianten zu einem anregenden Spielfeld an der gesunden Luft erweitert werden. So gibt es mittlerweile fast ein halbes Dutzend diverser Geocache-Arten, die von Unheimlichem, wie dem Mistery-cache, oder dem ereignisreichen Event-Cache bis zum sportlichen Cache reichen, bei dem der Schatzsucher auch schon mal auf einen Baum steigen muss, um den richtigen Hinweis zu finden. Also losmarschiert – und das Glück in Untergruppenbach finden.

TIPP In wetterfester, lockerer Wanderkleidung entdeckt es sich angenehmer.

Der Untergruppenbacher Geocache-Einführungspfad beginnt am Mehrfamilienhaus, Heilbronner Straße 5, GPS Startkoordinaten: N 49° 05' 409'', Pfadlänge etwa 4 Kilometer, Gehzeit ca. 60 Minuten www.untergruppenbach.de/freizeit-sport-tourismus/wandern-radfahren/geocaching

ÖPNV: Bus 642 oder 645, Haltestelle Kirche

GEOCACHE

Der Rälling

26 *„Großkatzen" im Bürgerpark Abstatt*

Was passte zu den Abstättern nicht besser als eine bunte Truppe Katzen. Ihren Spitznamen aus alter Zeit haben sie wohl wegen ihrer jungen Burschen erhalten, die des Nachts gerne die Damenwelt in den Nachbargemeinden besuchten. Das alleine wäre ja noch nichts Außergewöhnliches, wären die Jungmänner nicht auf das Maunzen und anrührende Jaulen der Kater verfallen, um mit akustischem Nachdruck die Dame ihres Begehrens ans Fenster zu locken. Ob dies auch heute trotz sozialer Medien noch so geschieht, wagen wir zu bezweifeln. Aufgrund dieser Überlieferung hat die Gemeinde, nicht ohne Selbstironie, im Bürgerpark eine ganze Horde bunter Rällinge (... schwäbisch für Kater) von Künstlern individuell ausmalen lassen. Das analoge „Kätzchen-Video" der achtunddreißig bunten Kater ist aber nur eine der Attraktionen im Bürgerpark. Die Katze als Sympathieträger hat in Zeiten von possierlichen youtube-Kätzchenfilmen erstaunlich zugelegt. Der gelungene Stadtpark hat aber noch mehr zu bieten. Während sich die gesetztere Generation auf der sonnen- und regengeschützten Boule-Bahn zu einer ruhigen Kugel trifft, können sich die Teenager auf dem Bolzplatz zum Kicken oder in der trendigen Skaterbahn zu waghalsigen Rollbrettkapriolen verabreden. Für die allerjüngsten Spielkinder ist ein ganzer Parcours an Spielgeräten aufgebaut. Für jede Altersgruppe ist hier ein Stückchen Erholung und Freizeitunterhaltung geboten. Der in der Aue entlang der Schozach gelegene Park ist seit seiner äußerst gelungenen landschaftsarchitektonischen Konzeptionierung ein gut angenommenes Verbindungsstück zweier Ortsteile und hat sich zu einem zentralen Treffpunkt sowie zur neuen Ortsmitte von Abstatt entwickelt. Die, wie an anderen Stellen, mit luftigem und wenig aufdringlichem Stoffdach überbaute Tribüne bietet sogar spontanen Musikern einen trockenen Ort, um das Instrument auszupacken und ein Umsonst-und-draußen-Konzert" zu geben. Dann darf hier glücklich nach Rällinger Art gemaunzt und gejauchzt werden.

TIPP

Unter dem Motto „Abstatt feiert" werden die unterschiedlichsten Konzerte auf der Open-Air-Bühne veranstaltet.

Bürgerpark Abstatt, 74232 Abstatt
ÖPNV: Bus 642, Haltestelle Rathaus Abstatt

Ort der Besinnung

27 *Museum Synagoge Affaltrach*

Die Synagoge in Affaltrach, erbaut im historistischen Stil mit neoromantischen Elementen, wurde ursprünglich 1851 eingeweiht. Durch eine falsche Tür in der Außenfassade wirkt die architektonische Gestaltung sehr symmetrisch. Das ehemalige Gotteshaus, schon auf den ersten Blick ein sehr auffälliges Gebäude, beinhaltete neben dem Synagogenraum mit der Frauenempore in der zweiten Ebene auch eine Wohnung für den Vorsänger und ein Mikwe, das sogenannte rituelle Bad für Frauen, das von einer unter dem Haus gefassten Quelle gespeist wurde. 1935 wurde der letzte Gottesdienst in der Synagoge abgehalten. Nach Beschädigungen in der Pogromnacht und Plünderungen bei Kriegsende wurde das Gebäude später als Gewerbe- oder Lagerraum und als Sporthalle genutzt. Es dauerte bis 1985, als endlich engagierte Bürger die Idee entwickelten, aus der ehemaligen Synagoge ein Museum zu machen und das Gebäude wieder zu rekonstruieren. Der so ins Auge gefasste geschichtsträchtige Ort bekam dadurch einen neuen Stellenwert, und 1989 wurde dieses wunderschöne Kleinod der Kulturgeschichte für den öffentlichen Besucherverkehr freigegeben. Äußerst interessant und empfehlenswert sind die von Schülern gesprochenen Tonaufnahmen. Auch organisiert der Unterstützerverein gelegentlich Veranstaltungen in den Räumlichkeiten. So gab es bereits einen Broadway-Musical-Abend mit Songs von jüdischen Komponisten wie Kurt Weill, Cool Porter oder Hammerstein, der bei den Zuhörern großen Anklang fand, ebenso wie die Konzerte mit der traurig-schönen jüdischen Klezmer-Musik. Wer sich über jüdische Themen oder den Staat Israel weiterbilden möchte, kann zu Vorträgen und Diskussionsabenden kommen. Auch für Kinder gibt es ein sehr ambitioniertes Programm, zum Beispiel passende Lesungen oder ein jüdisches Puppentheater mit einem Stück von der schlauen Esther. Dieses klar strukturierte Museum ist ein wunderbarer Ort zur Besinnung und bietet Raum für klärende Gedanken.

Museum Synagoge Affaltrach, Untere Gasse 6, 74182 Obersulm-Affaltrach, Tel. (0 71 30) 68 23
ÖPNV: S 4, Haltestelle Affaltrach, ca. 15 Minuten Fußweg

Auf dem Fluss mit der Fee

28 *Fahrgastschifffahrt Stumpf GmbH*

Die beiden Fahrgastschiffe auf dem Neckar werden von dem 1975 gegründeten Familienunternehmen Stumpf GmbH betrieben. Hier erwartet die Fee ihre Fahrgäste, um sie auf einer Schifffahrt zu verzaubern. Auf dem größeren Neckarbummler finden auf zwei Decks bis zu 250 Passagiere Platz. An der Hauptanlegestelle in Heilbronn können die Fluss- und Schiffsbegeisterten von Ostern bis Mitte Oktober einsteigen und die gemütliche Neckartour bis Bad Wimpfen oder weiter bis Neckarzimmern genießen. Kaum ein Reisegefährt kann kurzweiliger sein. Mit maximal 20 Stundenkilometern Geschwindigkeit bleibt dem Neckarfreund genug Zeit und Muße, die Weinberge, Burgen und Sehenswürdigkeiten am lauschigen Neckarufer in entspannter Ruhe ins Auge zu fassen. Warum nicht mal eine Geburtstagsparty auf dem Schiff veranstalten oder einen Junggesellen/innenabschied? Zumindest bleiben dann die ausgelassen Feiernden unter sich und werden am Ende sicher von Bord geleitet. Fürs leibliche Wohl ist vor Ort zur Genüge gesorgt, für glückliche Stimmung garantiert der abwechslungsreiche Neckarverlauf. Wer genug von Autostaus oder anstrengenden Wanderungen und so gar keine Lust auf steile Bergaufstiege mit dem Drahtesel hat und dennoch ein besonderes Reisegefühl erleben möchte, ist hier gut aufgehoben. Auf der Wasserfahrt wird das Schiff an mehreren Stellen geschleust – ein interessanter Vorgang, der nicht nur technikbegeisterte Landratten fasziniert. Und jede Anlegestation ist unbedingt einen Landgang wert. Besonders empfehlenswert ist die Vier-Burgen-Fahrt nach Neckarzimmern mit zweieinhalb Stunden Fahrzeit ab Bad Wimpfen oder die anderthalbstündige Barbarossa-Tour in Richtung Jagstmündung. Gerne darf man mit seiner Angebeteten auch spontan in Bad Wimpfen von Bord gehen, in die Altstadt hinaufsteigen und die Abfahrt verpassen – an einem romantischeren Ort mit seinen vielen Fachwerkhäusern und verwinkelten Gassen kann man kaum anlanden. Die, die weiterfahren, können die Langsamkeit der Flussschifffahrt genießen und sich dem schwimmenden Glücksort hingeben.

TIPP Wenn noch Plätze frei sind, können spontane Urlauber ihre Fahrkarte direkt an Bord kaufen.

Fahrgastschifffahrt Stumpf GmbH
Navigationsadresse Hauptanlegestelle: Badstraße 26, 74072 Heilbronn, Tel. (0 71 31) 8 54 30
www.schifftours-heilbronn.de

Fee

Süße Versuchung „N"

29 *Café N in Beilstein*

Das Café N in Beilstein ist mittlerweile ein sehr beliebter Treffpunkt und weit über das Heilbronner Land hinaus bekannt. Die Filiale der Bäckerei und Konditorei Nestel soll sogar schon Frühstücksgäste im Schlafanzug angelockt haben. Für Aufgeweckte beziehungsweise ganz Ausgeschlafene unter den Frühstücksfreunden gibt es einen „drive-in"-Frühstücksservice. Doch schöner ist es, auf der luftigen Terrasse in Beilstein den sonnigen Tag bei einem leckeren Frühstück zu beginnen. Falls es mit dem Wetter nicht so klappt, bieten die zwei geräumigen Stockwerke genügend Platz für hungrige Genießer. Der Familienbetrieb wird nun in der vierten Generation geführt und hat sich seit 1927 durch seine stets gleichbleibend gute Qualität dank fleißiger Hände Arbeit bei der anspruchsvollen Kundschaft bewährt. Im Lauf der Zeit haben sich die Nestelbäcker und Konditoren immer wieder auf die veränderten Kundenwünsche eingestellt und sich auch den neuen Erfordernissen im technischen Bereich angepasst. So wundert es niemanden, dass das Café N mit einem Solardach ausgestattet ist und die Wärme dadurch wieder rückgewonnen wird. Trotzdem schmeckt der hungrige Kunde bei jedem Bissen in seine Butterbrezel oder das herzhafte Landbrot noch die klassisch gute Dorfbäckerei heraus. Da das Café N verkehrsgünstig gelegen ist, erfreut es sich seit jeher großer Beliebtheit als Pausenstation für Radfahrer und sonstige Reisende, die von den futuristisch gestalteten Räumlichkeiten schon von Weitem angelockt werden. Wie sagt der Chef, Herr Nestel: „Wir wollen uns nicht in einem Industriegebiet verstecken, wir wollten an die Durchgangsstraße, vorne dran sein, präsent und offen für alle."

TIPP Am Sonntagvormittag ist die Kuchentheke besonders umfangreich und lecker ausgestattet.

Bezahlen kann man hier modern, schnell, einfach und hygienisch an einem Zahlautomaten, der einem schnell das passende Rückgeld auswirft, damit man sich sofort über die glücklich machenden Speisen hermachen kann. Das ist besonders in Stoßzeiten für Kunden und Verkäuferinnen eine sinnvolle Neuerung.

Café N Bäckerei Nestel, Oberstenfelder Straße 14, 71717 Beilstein, Tel. (0 70 62) 9 76 57 80
www.baeckerei-nestel.de

ÖPNV: Bus 641 oder 642, Haltestelle Beilstein Apotheke

Gulaschsuppe & Knacki
4,50 €
Currywurst im Glas
& Knacki
Pfünderle 500 g
Ciabatta
Vollwertbrot 750 g
Schweizerlandbrot
Peperonibrot
1.79 €
Knackis

Leckeres „Feuerwasser"

30 *Die Destillerie Heimat-Gin in Schwaigern*

Man nehme eine gute Idee, drei Freunde der Heimat, viel schwäbischen Fleiß, einen innovativen Geschäftssinn und viel Wiese drumherum ... Dies sind die Zutaten für den Heimat-Gin, der von Marcel Esslinger, Raphael Heiche und Rouven Richter in ihrer Manufaktur in Schwaigern hergestellt wird. Die Heimat-Gin GbR lebt natürlich auch von den saftigen Streuobstwiesen rund um Niederhofen, denn hier, in dieser urschwäbischen Kulturlandschaft, wachsen die erlesenen Kräuter, die sie in ihrer seit fünf Generationen betriebenen altehrwürdigen Destille brennen. Ja, schon seit langer Zeit wird hier gebrannt und Hochprozentiges für das leibliche Wohl hergestellt. „Das ist und bleibt unsere Tradition." Dank dieses dörflichen Geheimwissens entsteht der Gin als ganz besonderes Elixier, das man erst auf den zweiten Schluck mit dem schwäbischen Geschmack und den regionalen Bräuchen in Verbindung bringt. Doch Wacholder, Thymian, Rosmarin, diverse Blüten von Wiesenschaumkräutern oder gar Holunder oder vielleicht auch Koriander – alles wächst wie das Obst vor der Haustür, naturnah und regional. Doch wer nach dem Rezept fragt, wird von den Urhebern nur still angelächelt. Dies ist das wohlgehütete Betriebsgeheimnis der drei befreundeten „Alchemisten" und Feuerwasserexperten. Ebenso geschmackvoll wie in der Gestaltung ihres, im wahrsten Sinne handverlesenen Produkts mit selbst geklebtem und signiertem Etikett zeigen sie vorbildlich, wie jahrhundertealte Tradition mit aktuellen Ideen bereichert und erneuert werden kann. Auch wenn man über die geheimen Rezepturen wenig erfährt, können interessierte Heimatfreunde, Ginliebhaber und -trinker und solche, die es werden wollen, jeden Freitag beim Befeuern der Destille zuschauen, bis ihnen das Wasser im Mund zusammenläuft. Wen das allein noch nicht glücklich macht, der sollte sich ein oder gar mehrere Steinzeug-Flaschen einpacken lassen und die Verkostung zu Hause genussvoll und glücklich fortsetzen.

Heimat Gin, Leintalstraße 32/2, 74193 Schwaigern-Niederhofen, Tel. (01 72) 7 21 52 75
www.heimat-gin.de

HEIMAT

Pack die Badehose ein

31 *Der Breitenauer See in Obersulm*

Der 40 Hektar umfassende Breitenauer See wurde in den Jahren 1975 bis 1980 aufgestaut und sollte vor allem dem Hochwasserschutz als Rückhaltebecken beziehungsweise Wasserreservoir dienen und große Mengen Wasser aufnehmen können. Mittlerweile sieht der größte See im ganzen Regierungsbezirk so aus, als würde er schon immer so prächtig und einladend auf Badegäste, Segler, Schlauchbootkapitäne, Tretbootfahrer und Angler warten. Aus der nüchternen Nutzung ist ein von Menschen angenommener exzellenter Glücksort für Sommerfrischler geworden.

Im äußerst reinen Wasser der aufgestauten Sulm tummeln sich Barsche, Zander, Welse, Hechte und jede Menge Karpfen oder Wasserschildkröten. Es gibt einen langen Sandstrand, wie man ihn aus dem Urlaub kennt, der von der DLRG-Wachstation gesichert wird. Wer hier ein paar Tage oder übers Wochenende entspannen möchte, kann auf dem vielfach prämierten Campingplatz Breitenauer See sein Zelt aufschlagen und unweit des Wassers nächtigen. Hier lohnt es sich wirklich, die Badehose einzupacken und in dem sauberen Wasser ausgiebig zu schwimmen. Der seit einigen Jahren gut eingewachsene Stausee bietet nicht nur den obligatorischen weißen Schwänen eine Herberge, sondern wird auch von anderen gefiederten Freunden angenommen. Wer morgens früh aus dem Zelt kommt, hat den wunderbaren Breitenauer See fast für sich alleine und kann dem morgendlichen Singspiel am Ufer lauschen oder den springenden Fischen zuschauen. Für Sportsfreunde verläuft entlang des Ufers ein guter Weg, der zum Dauerlauf oder zu einer Radtour um den See unter dem Eichelberg einlädt. Wer genug vom Kraulen, Paddeln, Badminton und Beachvolleyball hat, kann sich auf dem Gewässerlehrpfad weiterbilden oder zu einer Wanderung ins Weinsberger Tal aufbrechen. Der See selbst ist ein idealer Ausgangspunkt für zahlreiche weitere Erkundungen in der Nähe. Tauchen Sie ein ins prickelnde Nass, denn Glücksgefühle können auch erfrischend sein – vor allem unter der heißen Sommersonne.

TIPP So früh wie möglich an den See kommen.

Breitenauer See, 74182 Obersulm

ÖPNV: S 4, Haltestelle Willsbach, dann Bus 635, Haltestelle Obersulm, ca. 15 Minuten Fußweg

Magisches Funkeln

32 *Stein und Duft Engelhardt*

Was schenkt uns die Erde nicht alles. Tief in ihrem Inneren hat sie uns über Äonen feine Edelsteine gebacken. In Mutter Erde tiefsten Schichten reifen seit Jahrmilliarden die schönsten Karfunkelsteine heran. Natürliche Produkte, die der Mensch zu schönen Formen geschliffen und zu Schmuckstücken verarbeitet hat. Blauer Lapislazuli aus Afghanistan, lila Amethyste, meerfarbiger Türkis, Malachit und Rosenquarz sind die erschwinglichen Schätze aus der Tiefe. Als runder Cabochon oder als facettiert geschliffener Schmuckstein erzählen uns die Preziosen ihre persönliche Geschichte. Wer mehr darüber erfahren will, ist im wohlsortierten Laden in guten Händen. Steine sollen ja auch ihre Besitzer finden, so sagt man in gut unterrichteten Kreisen. Anregungen finden sich bei „Stein und Duft" in Hülle und Fülle. Hier entdeckt man sein kleines Schätzchen und kann sich daraus gerne ein ganz individuelles Geschmeide fertigen lassen. Ketten, Armreife oder Ohrstecker können sogar nach esoterischer Bewandtnis ausgesucht werden. Das ungewöhnliche Fachgeschäft steht auch hier mit Rat und Tat zur Seite. Der Besitzer und Fachverkäufer in einer Person wirbt ja mit „Stein und Duft", und deshalb gibt es bei Herrn Engelhardt auch bezaubernde Düfte zu entdecken. Räucherwaren wie Weihrauch und Myrrhe, die die heiligen drei Könige schon aus dem Land Punt vom Horn von Afrika dem Jesuskind mitbrachten, sind genauso im Angebot wie erlesene Duftöle, nach denen man sonst lange vergeblich sucht. Das Wohlbefinden steht an oberster Stelle, und der Besucher wird im entscheidenden ersten Moment betört und von Herrn Engelhardt in einer wohltuenden Atmosphäre empfangen. Duftet es nach mehr? Ja, auch feine Essenzen können einen Ort in einen Glücksort verwandeln. Mutter Natur hat die richtigen Ingredienzien wachsen lassen und kennt ihre wohltuenden Geheimnisse. Auch hiervon können wir uns die persönliche Mischung nach einem alchemistischen Rezept erstellen lassen. Ein neuer Kosmos tut sich auf und verführt den Kunden zu einem glücklichen Näschen voller Schönheit.

Stein und Duft – Mineralien, Kristalle, Räucherwaren Erwin Engelhardt, Untere Neckarstraße 16, 74072 Heilbronn, www.steinundduft.de

ÖPNV: S 4, Haltestelle Neckarturm, ca. 5 Minuten Fußweg

Katzenfreunds Dichterklause

33 *Manfred-Kyber-Museum in Löwenstein*

Das beschauliche Landstädtchen mit dem poetischen Namen Löwenstein beherbergt ein besonderes kulturelles Juwel. Der 1880 geborene Manfred Kyber fand im Herzen des Ländles eine kreative Zuflucht, und bis zu seinem frühen Tod im Jahr 1933 war der bekennende Tierfreund und Dichter in der Nachbarschaft zum heutigen Museum tätig. Dem zu den wichtigsten deutschsprachigen Schriftstellern des 20. Jahrhunderts gehörenden Deutschbalten wurde 1993 ein Museum eingerichtet, das in die schwäbische Dichterstraße integriert ist. Für seine einfühlsamen und hintergründigen Tiergeschichten wurde dem schon damals international bekannten Autor 1930 in Genf der Welt-Tierschutzpreis verliehen. Sein Buch „Gesammelte Tiergeschichten“ findet man gelegentlich noch im antiquarischen Buchhandel. Kyber betonte schon früh, Tierversuche seien eine Schande für die abendländische Kultur, und er plädierte für Strafen bei Tierfolter. In Freihaus wird ihm zu Ehren sein umfangreicher Nachlass präsentiert. Ausgesuchte Schriftstücke, der Originalschreibtisch und in Vitrinen aufbereitete Informationen laden zu einem Kennenlernen ein. Neugierige Seelen dürfen hier einen intimen Blick in die Dichterwerkstatt werfen. Aber auch Katzen-Freundinnen und -Freunde kommen auf ihre Kosten, denn der Meister selbst hat sich oft mit seinen geliebten Stubenlöwen ablichten lassen. Ob er vielleicht auch wegen dieses Namens von dem urbanen Stuttgart hier heraus nach Löwenstein gezogen ist? Wir können nur spekulieren und uns eingehender mit seiner Hinterlassenschaft befassen. Der auf Fotos etwas traurig wirkende Herr im gepflegten Anzug muss zwischen all den bodenständigen Bauern und Winzern ein Außenseiter gewesen sein, denkt man nur mal an den robusten Umgang der Bauern mit ihren Nutztieren, die damals noch mit Peitsche und Ochsenziemer bearbeitet wurden. Lange nach seinem Tod hat ihm die Gemeinde ein bleibendes Andenken geschaffen und auch ihre Grundschule nach ihm benannt. Als glücklich machenden und aus der Zeit gefallenen Lesetipp empfehlen wir sein wieder aufgelegtes Buch „Die drei Lichter der kleinen Veronika“.

Manfred-Kyber-Museum, Freihausgasse 1, 74245 Löwenstein, Tel. (0 71 30) 2 20
ÖPNV: S 4, Haltestelle Willsbach, dann Bus 635, Haltestelle Löwenstein

In vino veritas

34 *Römermuseum Güglingen*

Schon die alten Römer erkannten das Potenzial des Zabergäus, schnalzten mit den Zungen und gründeten mitten im späteren Güglingen ein Vicus. Die kleine römische Siedlung war wohl bald von saftigen Trauben umgeben, sodass die Römer auch in der Ferne Gott Bacchus huldigen und ihm mit gefülltem Trinkbecher zuprosten konnten. Oh, wie dankbar sind wir Nachgeborenen den weitsichtigen Römersleut. Der Vicus auf der Gemarkung des heutigen Güglingen war der ideale Handels- und Marktort auf dem Weg vom Oberrhein zum mittleren Neckar. Die Römer lebten und arbeiteten zusammen mit den germanischen Urschwaben immerhin von etwa 120 n. Chr. bis etwa 250 n. Chr., wie wir in dem gut sortierten Römer-Museum Güglingen erfahren. Überzeugend sind hier reale Situationen römischen Lebens nachgebildet, und so kann man zum Beispiel ein rekonstruiertes Streifenhaus im Originalmaßstab besuchen. Das so bezeichnete römische Kaufhaus wurde hier mitsamt den eingebauten Klapptischen, auf denen die Waren unter einem Portikus-Vorbau feilgeboten wurden, rekonstruiert. Besonders ungewöhnlich sind die religiösen Funde zum römischen Mithraskult. So kann man einen nachgebauten Kultraum, das sogenannte Mithräum, in einem eins zu eins rekonstruierten Steinkeller besichtigen. In Güglingen wurden in zwei Grabungskampagnen 1999 und 2004 sogar Mithraskultgegenstände an zwei verschiedenen Orten für Heiligtümer gefunden. Wer es etwas weniger unheimlich mag, kann sich in den Obergeschossen über die archäologischen Methoden vom Anfang der ersten Funde im 18. Jahrhundert und die weitere Entstehungsgeschichte über die Entdeckung und Forschung an den Hinterlassenschaften der Römer im Zabergäu belehren lassen. Dabei gibt es Mitmachelemente wie zum Beispiel eine römische Balkenwaage, oder man lauscht Klanginstallationen, die eine Zeremonie im Mithraskult wiedergeben. Am meisten aber erfreut uns der leckere Wein, der fast 2000 Jahre später auch uns Heutigen die Zunge löst und glücklich macht.

TIPP

An Sonntagen gibt es spannende Familienführungen.

Römermuseum Güglingen, Marktstraße 18, 74363 Güglingen, Tel. (0 71 35) 9 36 11 23
www.roemermuseum-gueglingen.de
ÖPNV: Bus 661 oder 664, Haltestelle Güglingen Neues Rathaus

Von der Schildkröte geküsst

35 *Das Turtlekiss in Abstatt*

Das Turtlekiss ist ein Geschäft für ganz besondere Wünsche. Selbstentworfenes, Handgearbeitetes und Selbstgereimtes wird hier in der Goldschmiedstraße mitten in Abstatt präsentiert. Schon von außen betrachtet macht das schmucke Häuschen durch seinen weiß und blau gehaltenen Anstrich einen fast mediterranen Eindruck. Gleich merkt man, dass in diesem Laden das Besondere zu Hause ist. Vielversprechend geht es auch hinter der Tür weiter, denn hier trifft fast wie in einem Gesamtkunstwerk die Dichtkunst auf Handwerk. Von der Muse im doppelten Sinn geküsst, liebt die multitalentierte und begeisterte Urheberin und Ladeninhaberin Birgit Albrecht Poesie und Design und hat hier ihren Kreationen einen Ort gegeben. Ihre Entwürfe in eigener Sache haben durch Häkeln, Stricken und Nähen, von bunt bis dezent, Gestalt angenommen. Die designten Tücher, Taschen, Kleidungsstücke sind hinter der blauen Tür geschmackvoll arrangiert. Aber nicht nur Mode, auch witzige Accessoires und originelle Unikate verlocken zum Kauf. Wer schlecht träumt, kann sich von Frau Albrecht bei einer Tasse Kaffee beraten lassen und einen Traumfänger erstehen. Überhaupt ist der Ausstellungsraum mit kleinen Überraschungen bestückt. Bei so viel Heimeligkeit wird manchem ganz warm ums Herz. Mann oder Frau öffnet sich der persönlichen und liebevoll verpackten Dichtkunst und kommt ins Lesen. Die Texte sind in ansprechenden Papierleporellos niedergeschrieben. Die feinsinnig gestalteten Kladden rufen quasi nach ihrem zu Beschenkenden. In diesem zeitlos schönen Lädchen findet man das kleine, geschmackvolle Geschenk für Leute, die schon alles haben, sich aber auch glücklich beschenkt fühlen möchten. Alleine das Stöbern in diesem Panoptikum ist eine Reise wert. Wunderbar sind die Kissen mit umhäkeltem Rand, die wie aus einer vergangenen Zeit herbeigeflogen scheinen. Nicht zu vergessen die unterschiedlichsten Schildkröten aus Keramik, die im Ruf stehen, mit ihrem Musenkuss den Käufer und Beschenkten glücklich zu machen.

TIPP Für einen lieben Menschen bei Frau Albrecht ein Wunschgedicht bestellen.

Turtlekiss, Goldschmiedstraße 23, 74232 Abstatt, Tel. (0 70 62) 6 40 74
www.turtlekiss.de
ÖPNV: Bus 642, Haltestelle Rathaus Abstatt

Die Ess-Klasse

36 *Die Metzgerei Ulrich Reinwald in Schwaigern*

Die Metzgerei Ulrich Reinwald GmbH ist ein klassischer Familienbetrieb – fleißig, freundlich schwäbisch. Eine kompetenter Fachbetrieb mit viel Liebe zum Detail, einer originellen Geschäftsidee und einem großen Herz für ihre „Geschäftspartner". Ihren paarhufigen Vierbeinern gönnen sie ein unbeschwertes, animalisches Leben auf der heimischen Weide. Die Angusrinder sind ursprünglich in dem sehr nasskalten und rauen Schottland gezüchtet worden, doch auch die fetten Weiden im Heilbronner Land bescheren den stämmigen und robusten Tieren nahrhaftes Futter. Hier können sie im Einklang mit der Natur das schmackhafte, nicht mit Düngemitteln belastete Biogras fressen. Wäre da nicht der Metzger und unser Appetit auf saftige Steaks und schwäbischen Rostbraten, würden sie wie im Märchen ewig leben. Aus Respekt vor den Tieren schlachtet Metzger Reinwald hofnah, das heißt ohne Reisestress für die Rinder. Und sie danken es ihm und dem begeisterten Kunden, indem sie hervorragende Fleischqualität liefern. Denn das magere Fleisch der frei und gesund aufgezogenen Rinder ist außergewöhnlich zart und saftig. Durch den Wegfall der sonst häufig verabreichten Arzneien ist das Fleisch mit wenig Cholesterin, folglich sehr gesund und besonders wertvoll für die Ernährung. Ob es schon eine Reinwald-Angus-Diät für verwöhnte Gaumen gibt? Bestimmt! Fragen Sie doch einmal den Fachmann, Herr Reinwald wird Ihnen viel Gutes und Interessantes zu berichten wissen. Auf jeden Fall kann man hier jeden Tag auf der Theodor-Heuss-Straße unweit des Bahnhofs vorbeischauen und sich einen schmackhaften Imbiss mit frisch zubereiteten Würstchen, Aufschnitt oder auch Tatar gönnen oder sich auch zu besonderen Anlässen durch den Catering-Service der Metzgerei beliefern lassen. Seine kalten Platten und deftigen Leckereien sind nicht nur bei Schwaigerner Feinschmeckern sehr beliebt. Denn wie behauptet der klassische Volksmund. „An leera Sack bleibt net standa." Das Glück geht oft – genauso wie die Liebe – durch den Magen.

TIPP

Die Rinder auf der Weide besuchen. Bewusst qualitativ hochwertiges Fleisch einkaufen.

Metzgerei Ulrich Reinwald GmbH, Theodor-Heuss-Straße 27, 74193 Schwaigern, Tel. (0 71 38) 53 43

ÖPNV: S 4, Haltestelle Schwaigern (Württ.)

Let's dance!

37 *Die Diskothek Belinda in Sulzbach*

Nachtschwärmer, Rhythmusbegeisterte, Hüftschwinger und Tanzenthusiasten haben es schon längst für ihr Glücksempfinden entdeckt. Die Provinz lockt mit guter Laune im klassischen Dorfdisko-Ambiente. Nur hier, auf dieser besonderen Landpartie, trifft man seinesgleichen. Was könnte cooler sein als eine Zeitreise ins Belinda nach Sulzbach. Generationen von Stehbluesfreunden oder Haupthaarschüttlern haben hier das Tanzbein geschwungen, im weißen Anzug mit den Armen gewedelt oder im verschwitzten Lederjäckchen der eigenen Vitalität gehuldigt. Der weithin bekannte Kult hat eine Heimat und das bereits seit 1970. Viele Jahrzehnte Rock 'n' Roll, Rockmusik, Pop, Grunge und Wave aller Schattierungen haben die Moden überlebt und jede Menge gut frisierter Tanzprinzessinnen hierhergezaubert. Zwischen rustikalen Fachwerkbalken und flotter Bedienung muss kein Gast lange auf sein Getränk warten. In der so übersichtlichen wie heimeligen Atmosphäre servieren die Diskjockeys nach ausgesuchtem Programm diverse Musikstile. Es findet sich, was zusammenpasst. Ein Tanzglücksort nicht nur für Stadtflüchter, die sich beim „all you can dance“ endlich einmal näherkommen dürfen. Hier gehört es zum guten Ton, vergangene Mode noch einmal zu gegebenem Anlass aufzutragen. Schwäbisch sparsam ist der Eintritt, auch deshalb ist die Disko sehr beliebt. Der „Kessel“, wie das Belinda von Stammgästen gerne genannt wird, ist nicht nur gerüchtehalber, sondern tatsächlich die älteste Rock-Diskothek in Deutschland. Ob sie demnächst im Guinnessbuch der Rekorde steht, können wir noch nicht beantworten. Nach der vorübergehenden Schließung, die die ganze Tanzgemeinde in tiefe Trauer gestürzt hatte, hat die Diskothek dank des Engagements ihrer Freunde und Förderer, darunter auch ein Pfarrer und bekennender Deep-Purple-Fan, den Status einer Genossenschaft erhalten und gilt seither als Kulturstätte der besonderen Art. Tja, das Glück kann manchmal auch sehr laut daherkommen.

TIPP

Pünktlich kommen, um nichts zu versäumen. Einlass ab 21 Uhr.

Diskothek Belinda, Backnanger Straße 76, 71560 Sulzbach an der Murr, Tel. (0 71 93) 3 82
www.belinda-discothek.de
ÖPNV: RE 90, Haltestelle Sulzbach

Am Fuß der Weibertreu

38 *Justinus-Kerner-Verein Weinsberg*

Schon damals berichtete der Theologe David Friedrich Strauß von dem „merkwürdigsten und eigentümlichsten Haus in ganz Schwaben" und lockte viele Neugierige in das Privathaus von Justinus Kerner. Das Dichterhaus auf der Öhringer Straße in Weinsberg war schon im 19. Jahrhundert Glücksort und Begegnungsstätte der schwäbischen Dichter. Im romantischen Zeitalter kamen freiheitlich und zukunftsorientiert denkende Menschen aus verschiedenen Ständen und Berufen mit unterschiedlichsten Erwartungen zusammen, um sich hier auszutauschen. Internationale Gäste, wie zum Beispiel der berühmte amerikanische Schriftsteller Mark Twain, disputierten mit der schwäbischen Avantgarde der Dichtkunst über Gott und die Welt. Es war eine Oase der Liberalität und Kultur. Seit 1908 ist die berühmte Dichterklause von Justinus Kerner Gedenkstätte und Museum. Schon seit über hundert Jahren ist das Kernerhaus mit kurzer Kriegsunterbrechung für die Öffentlichkeit fast unverändert zugänglich. Die besondere Leistung besteht darin, dass das Haus des Dichters und Arztes Justinus Kerner in seiner Grundatmosphäre trotz Renovierungen im Großen und Ganzen die Stimmung des 19. Jahrhunderts widerspiegelt und nicht zu einem Literaturmuseum designt wurde. Hier spürt man die geistige Atmosphäre vergangener Tage und darf ungestört das Bürgerhaus durchstöbern und Interessantes entdecken, Anregendes erfahren. Neugierige und Freunde des Besonderen kommen auf ihre Kosten. Auch wer mehr über die starken Frauen der Burg Weibertreu, die ihre besiegten Männer auf ihren Rücken aus der Burg trugen, um ihren Liebsten so das Leben zu retten, erfahren möchte, ist hier richtig. Im Anschluss an den Besuch im Kernerhaus könnte man auf den Weinsberg hinaufsteigen und eine Runde Huckepack mit dem Partner ausprobieren. Wie nicht nur die medizinischen Fachkräfte bestätigen, freudiges Helfen stärkt das Herz und lässt es kräftig und glücklich schlagen.

TIPP Das urige Alexanderhäuschen in der Nähe wirkt, als wäre es von einer Fee hierhergezaubert worden.

Justinus-Kerner-Verein, Öhringer Straße 3, 74189 Weinsberg, Tel. (0 71 34) 25 53
www.justinus-kerner-verein.de
ÖPNV: S 4 oder RE, Haltestelle Weinsberg

Mit Ilse in die Pilze

39 *Exkursion in den Naturpark Heuchelberg*

Gibt es noch Zauberpflanzen? Wie schmecken frisch gepflückte Wildkräuter? Wie erfrischend sind nachtgekühlte Weintrauben? Machen Pilze glücklich? Was darf man überhaupt unbedenklich direkt aus der Mutter Natur Schoß essen? Woher kam eigentlich die Reblaus? All die vielen Fragen werden von Ilse Schopper auf ihren beliebten Führungen im Heuchelberg erläutert und beantwortet. Zwei bis drei Stunden dauert diese einzigartige Führung im Zabergäu. Die zertifizierte Naturparkführerin aus Michelbach hat ihre Heimat gut studiert und findet den richtigen Ton, die Naturwunder rund um den Heuchelberg zu würdigen. Mit anderem Blick schauen wir auf die Pimpernelle, den Sauerampfer, Borretsch oder den wilden Schnittlauch, die jedes Jahr von Neuem im Weinberg gedeihen. Naturnaher Weinbau macht sich solchen grünen Unterwuchs zunutze und erntet auch eine Etage tiefer. Wer hätte gewusst, dass die Winzer gerne Rosen am Rand der Weinberge pflanzen, um rechtzeitig möglichen Pilzbefall zu erkennen, da die Rosen wie ein Frühwarnsystem zuerst befallen werden. Wissen macht glücklich, und voller lehrreicher Informationen erreichen wir die schönsten Aussichtspunkte und wandern die spannendsten Wege mit der geschulten Erlebnisführerin und profitieren von ihrer übergroßen Erfahrung.

TIPP Individuelle Führungen werden auch im kleinen Kreis angeboten.

Selbstironisch bietet sie auch eine Tour „Mit Ilse in die Pilze“ an – nach Absprache mit dem Wettergott und natürlich zur passenden Jahreszeit in der Pilzsaison. Sie ist nämlich keine Kräuterhexe, sondern eher eine Kräuterfee. Hier darf dann der leckere Steinpilz gleich verkostet werden. Der fast geschmacklose Auricularia auricula-judae – gemeinhin als Judasohr, Mu-err-Pilz oder Black Fungus bekannt und weltweit verbreitet – gehört ebenfalls zu der nahrhaften Pflanzengemeinschaft rund um den Heuchelberg. Wer besonders viel Glück hat, bekommt vielleicht sogar einen der seltenen Feuersalamander zu sehen. Frau Schopper wird dem Glück nachhelfen, denn sie weiß, wo die Salamander wohnen.

Ilse Schopper, Ochsenburger Straße 31, 74374 Zaberfeld-Michelbach, Tel. (0 70 46) 4 07 31 76
www.ilseschopper.de

Bella Figura in Heilbronn

40 *Maßatelier und Modedesign Trispari*

Geschmackvoll und durch und durch italienisch wie der leckere Espresso, der dem Besucher gerne serviert wird, liegt das Atelier Trispari an der großen Allee gegenüber der Kunsthalle Vogelmann. Wie schon der Name verrät, geht es in diesem Atelier um die schönen Dinge im Leben. Die studierte Modedesignerin Gessica Parasiliti hat ihr außergewöhnliches Modegeschäft im Herzen von Heilbronn 2015 eröffnet und präsentiert dieses wie einen Augenschmaus. Kultur liegt in der Luft – erlesener Geschmack und italienisches Dolce Vita werden hier nach Maß serviert. Wo sonst kann man sich einen Anzug aus Kaschmir nähen lassen? Wer hier italienische Stoffe fühlen möchte, darf sich gleich zu Beginn an seiner eigenen Haute Couture beteiligen und seine Fantasie mit einbringen. Hier entstehen eigene Schnitte vom Scheitel bis zur Sohle, für Herren wie für Damen. Im Trispari wird charmant und kompetent beraten, entworfen und genäht. Die Chefin sagt dazu „design yourself" und zeigt auf die Maßschuhe in mehrfarbigem Leder. Maßhemden, Maßjeans, Maßwesten und Historisches wird nicht nur nach Zentimetermaß erstellt, das für den letzten Pfiff entscheidende Haltungsmaß wird im Trispari auch mitberücksichtigt. Zwei Menschen in gleicher Größe haben trotz gleicher Maße eine unterschiedliche Körperhaltung und individuelle Eigenheiten beim Sitzen und Gehen. Das Design kennt hier keine Grenzen. Jeder Kleiderwunsch, und sei er noch so ungewöhnlich oder eigenwillig, kann im Atelier auf professionelle Weise umgesetzt und im Detail mit persönlicher Note versehen werden. Dazu gibt es stimmige Accessoires wie lustige Fliegen, Gürtel oder Hüte in besonderem Look. Um dieses Glück nach eigenem Maß umzusetzen, kommen die Kundinnen sogar aus der Landeshauptstadt auf einen Kaffee vorbei.

Maßatelier Trispari, Allee 43, 74072 Heilbronn, Tel. (0 71 31) 1 24 58 05
www.trispari.de
ÖPNV: S 42, Haltestelle Harmonie/Kunsthalle

Gut speisen & trinken

41 *Pfeffer im historischen Fleischhaus*

Wenn man nur lange genug wartet, kehren die Dinge wieder, und längst Vergangenes erwacht in neuem Kleid. Im alten Fleischhaus unweit des Neckarkanals war für Generationen das ehemalige Kontor der Metzger und Fleischhauer untergebracht. Der Arkadenbau aus dem späten 16. Jahrhundert wurde danach lange Zeit als Gericht genutzt, bis das markante Haus in allerbester Lage in neuerer Zeit ein Museumsort wurde. Die Gebrüder Pfeffer bekamen mit ihrer sofort wohlwollend aufgenommenen Idee, in dem historischen Bau das ursprüngliche Thema wieder aufzugreifen, vom Stadtrat die Genehmigung, ihre Gastronomie mit Ladenverkauf in ansprechendem Design hier unterzubringen. Nomen est omen. So wie der appetitanregende Pfeffer schon im Mittelalter gut und teuer gehandelt wurde, wird das historische Fleischhaus, an heutige Bedürfnisse angepasst, wieder ganz klassisch genutzt. Dies ist durchaus gelungen, und so ist in diesem „lebenden" Denkmal für die Heilbronner und ihre Gäste eine beneidenswerte Lokalität entstanden. Leckereien aus der Region werden an langen Tischen gevespert. Spezialitäten kann man vom Tisch aus in den Vitrinen oder im schön gestalteten Regal bewundern und gleich vor Ort nach Gusto probieren. Das sogenannte schwäbische „Thun" besteht nicht aus fein geschnittenem Thunfisch à la japonnaise, sondern aus ebenso zartem Schweinefleisch aus Schwäbisch Hall. Wem das regionale Angebot noch nicht reicht, der bekommt hier, wenn die Sommersonne den Vorplatz aufgeheizt hat, auch eisgekühlten Kusmi-Tee oder ein Frühstück mit italienischen Leckereien, Antipasti, süße Macarons oder eine würzige Quiche. Hier darf man in zeitloser Urlaubsstimmung seinem Tagewerk entgegenschmausen. Beliebt ist auch der Mittagstisch, der so günstig wie schwäbisch der arbeitenden Bevölkerung die Pause versüßt. Eine so attraktive Lokalität macht es allerdings schwer, sich von dem glücklich machenden Ambiente zu erheben und weiterzuziehen.

TIPP Auf verspätete Frühstücker wartet der doppelte Extra-shot-Espresso!

Pfeffer Lebensmittel im historischen Fleischhaus, Kramstraße 1, 74072 Heilbronn, Tel. (0 71 31) 3 90 09 97

ÖPNV: S 4, Haltestelle Rathaus

Frische Pasta
zum Mitnehmen:
Gnocchi mit
Caramelle mit
Ricotta & Spinat
Ravioloni
jetzt wieder da
Capicollo von unserem
Metzger aus Poggibonsi
100g | 2,60€
Maultaschen
San Daniele Schinken
Pfeffers Käsekuchen
8,90€

Glücklich schön

42 *Schiefer Kosmetik in Flein*

Wer seinen fleißigen Händen mal ein bisschen Ruhe gönnen will, den müden Augen ein wenig Pause oder auch die lästigen Härchen und Fältchen weggezaubert haben möchte, kann sich seit geraumer Zeit im Kosmetik Institut in Flein in Sachen Schönheit ganzheitlich helfen lassen. Von Kopf bis Fuß in Schönheitsdingen bewandert, hat die Fachfrau für Ästhetik Erika Schiefer ein offenes Ohr für ihre Kundinnen und steht ihnen mit Wort und Tat zur Seite. Kosmetik macht nicht nur schön, sondern gibt auch gute Gefühle und ist erholsam und beruhigend. Wer möchte nicht eine gute Zeit auf der Kosmetikliege verbringen? Mit wenig kann viel erreicht werden, beteuert die mit dem ästhetischen Zauberkasten und dessen Elixieren vertraute Kosmetikerin. Die kompetente Dame kommt ins Schwärmen und ist in Sachen eigener Schönheit ein vorbildliches Beispiel. Es gibt neben der bekannten Mani- und Pediküre auch andere besondere Behandlungen, die die sichtbaren Zeichen der Hautalterung mindern. Die Geheimwissenschaft der Zauberinnen hat sich hier in die Jetztzeit herübergerettet. Bleiben wir schön mit der beliebten Aromabehandlung, die mit hochwertigen Ölen und leichter Druckmassage uns ein glückliches Gesicht zaubert. Denn, wer hätte das gedacht – wer glücklich ist, sieht auch viel schöner aus. Da gibt es zum Beispiel auch eine sogenannte Valmont-Behandlung, die auf einer präzisen Abfolge von Streich- und Druckbewegungen beruht. So aktiviert sich der Lymphfluss und kurbelt die Mikrozirkulation an. Hier verbindet sich die Wohlfühlbehandlung tatsächlich mit effektivem medizinischem Nutzen. Denn seit Kleopatras Zeiten erkennen wir in unserem frischen Gesicht, der glatten Haut und dem schönen Aussehen auch unsere gute Gesundheit. Wer sich alle sechs Wochen für eine Schönheitssitzung Zeit nimmt, kann mit Kosmetik der menschlichen Natur ein kleines Schnippchen schlagen und in Schönheit glücklich werden.

TIPP Es gibt Geschenkgutscheine für diverse Schönheitsbehandlungen. Behandlungstermine nach Vereinbarung.

Schiefer Kosmetik, Talheimer Straße 32c, 74223 Flein, Tel. (0 71 31) 4 05 10 75
www.schiefer-kosmetik.de
ÖPNV: Bus 61, Haltestelle Heilbronner Straße Flein, ca. 10 Minuten Fußweg

Summ, summ, summm

43 *Landhonig von Adolf Fritz*

Ohne die Immen wäre der Homo sapiens vielleicht nie auf den süßen Geschmack gekommen. Noch heute holen die Urwaldvölker die mit leckerem Honig gefüllten Waben von schwindelerregenden Baumwipfeln oder klettern in gefährliche Steillagen, nur um an das süße Naturprodukt zu gelangen. Ohne die sprichwörtlich fleißigen Bienen kann auch der Mensch nicht weiterexistieren. Das weiß der engagierte Heimatimker Adolf Fritz und tut alles, um seine Lieblinge zu schützen. Der umtriebige Immenfreund sorgt für seine Honigfreundinnen wie ein fürsorglicher Papa. Er ist ein überzeugt klassischer Imker, der das natürliche Produkt seiner Bienen ohne Zusatzstoffe biologisch vermarktet. An der schönen Heimat und ihrem sauberen und gesunden Erhalt liegt dem Imker sehr viel. Der süßen Versuchung der royalistisch organisierten Tierchen, die direkt in den blühenden Landschaften arbeiten, kann kein naturbewusstes Schleckermaul widerstehen. Der Heilbronner Landhonig kann direkt vom Imker erworben oder neuerdings sogar über ein online-Portal bestellt werden. Der Hof bietet neben dem Biohonig die besonders beliebte helle Sorte oder gar Honig in der Wabe. Aber auch andere Produkte wie Wachskerzen, Propolis, Pollen und Salben dieser wunderbaren Alleskönnerinnen kann man erstehen. Die wichtige Bestäubungsleistung der Honigbienen aber ist unersetzbar, denn nur sie bestäubt auch viele unserer Nutzpflanzen. Wer gerne mal mit Herrn Fritz persönlich ein paar Worte wechseln möchte und vielleicht mehr über diese besonderen Tiere und ihr Produkt erfahren will, kann den vielbeschäftigten Imker täglich zwischen 18 und 20 Uhr im Hofladen antreffen.

Wer ganz viel Glück hat, darf bei der Gelegenheit vielleicht mal mit dem Tierfreund ins Innere der Bienenstöcke schauen und mit ganz besonders viel Glück die Königin sehen.

TIPP Bienenfreundliche Blütenpflanzen im Garten locken Bienen an.

Heilbronner Landhonig Adolf Fritz, Eschenbachstraße 24, 74078 Heilbronn, Tel. (01 51) 14 95 25 39, www.honig-met-fritz.de

Diana, Göttin der Jagd

44 *OX-BoW-Events Stolzenhof*

Wer träumte nicht schon vom freien Leben in wilder Natur – wie unsere Vorfahren auf der Suche nach Essbarem. Intuition und Erfahrung sind dabei die Führer durch die gefahrvolle Wildnis. Das abenteuerliche Herz kommt leider heutzutage viel zu kurz. Doch dem kann jetzt auf originelle Weise geholfen werden. In Jagsthausen kann man sich auf die Spuren der römischen Jagdgöttin begeben und zu Pfeil und Bogen greifen. Diana, oder auch Artemis genannt, ist die Tochter von Jupiter und Schwester von Apollo und passenderweise auch die Fürsprecherin der Tiere des Waldes und Beschützerin der Entrechteten. Sie würde eine große Freude am Stolzenhof haben, denn hier befindet sich das Zentrum des intuitiven Bogenschießens. Auf dem dreidimensionalen Parcours kommt allerdings kein Tier zu Schaden, was der Jagdgöttin ebenso gefallen würde, da sie streng waidmännisch handeln und nie ein Tier leiden lassen könnte. Auf vier Kilometern Länge sind auf dem abwechslungsreichen Gelände mit Einblicken aus dem Wald über freie Wiesen bis zu Berghügeln Ziele aufgebaut. Das intuitive Bogenschießen wird in einer kurzen Einführung mit Handhabung des Bogens und des gestellten Materials vorgestellt. Der Parcours ist auch für Neulinge geeignet. Sollte es zu kalt oder zu regnerisch sein, kann man ins Bogenkino wechseln und dort genauso auf das plötzlich auftauchende Wild auf der Leinwand schießen und seine ganz persönliche Intuition testen. Wer diese uralte Jagdtechnik mit Pfeil und Bogen, die unsere Urahnen schon vor Zehntausenden von Jahren beherrschten, etwas intensiver erlernen möchte, kann auch Kurse belegen und die eng mit der menschlichen Evolution verbundenen Urfähigkeiten weiter trainieren. Wer übernachten möchte, kann sich im geräumigen Ferienhaus auf dem naturnahen Gelände des Stolzenhofs einquartieren und das intuitive, glücklich machende Bogenschießen etwas gemütlicher angehen.

- **OX-BoW Events, Stolzenhof 3, 74249 Jagsthausen, Tel. (0 79 43) 9 42 24**
- **ÖPNV: Bus 11, Haltestelle Jagsthausen Rathaus, ca. 20 Minuten Fußweg**

www.ox-bow
Traditional

Leckere Bohnen

45 *Kaffeefaktur Rösterei Eppingen*

„Ceh-ah-eff-eff-eh-eh, trink nicht so vi-iel Kaffee, nicht für Kinder ist der Türkentrank, schwächt die Nerven, macht dich blass und krank, sei doch kein Muselmann der das nicht lassen kann."

Während früher noch ein altes Kinderlied vor dem leckeren Getränk aus dem Orient warnte, ist es heute in aller Munde. Das beliebteste Frühstücksgetränk der Deutschen kann natürlich verschieden aufgebrüht werden, und die Methoden der Kaffeezubereitung sind noch durch diverse Kaffeemaschinen-Modelle erweitert worden. Tabs, Cups und Pads oder Ähnliches sind aber nicht das Ding der Kaffeefaktur. Die geröstete Kaffeebohne wiederum kann ebenso unterschiedlichster Herkunft und Qualitätsstufe sein. Wer den Duft von frisch gemahlenen Kaffeebohnen kennt oder kennenlernen möchte, sollte unbedingt mal den Laden in der Altstadt betreten. Ein Erinnerungsduft – gerade so, als hätte Omi an der hölzernen Kaffeemühle gedreht. Doch die Kaffeefaktur befindet sich ganz auf der Höhe der Zeit, ist nachhaltig und legt Wert auf größte Achtsamkeit bei der Herstellung des Produkts. So wird die Bohne im schonenden Trommelröster ihrer aromatischen Reife zugeführt. Die Bitter- und Gerbstoffe verlieren sich dadurch, und der Kaffeekenner schmeckt sofort den Unterschied. In der Kaffeefaktur kann man neben den aromatischen Röstungen, die man in zeitlos-geschmackvollen Tüten vor Ort erstehen kann, auch gleich im wunderbaren Ambiente Platz nehmen und einen Cappuccino, Milchkaffee oder kleinen Mokka genießen. Unter den Eppingern hat sich bereits herumgesprochen, dass zu den aromatischen Kaffees auf Wunsch auch selbst gemachter Kuchen kredenzt wird. Runder kann das Wohlfühlprogramm für Schleckermäuler kaum sein. Wer in glücklicher Stimmung Kaffeekultur zelebrieren möchte, ist hier exakt an der richtigen Stelle. Und nach dem Verlassen des geschmackvoll renovierten Gebäudes kann man, quasi als Sahnehäubchen, die wunderbare Altstadt von Eppingen erkunden.

TIPP Im Onlineshop gibt es verschiedene Sorten frisch gerösteten Kaffees.

Kaffeefaktur, Altstadtstraße 1, 75031 Eppingen, Tel. (0 72 62) 9 99 86 30
ÖPNV: S 4, Haltestelle Eppingen

KAFFEESORTEN JE 250g/500g
BLACK* 6,90-/13,80-
REVOLUTIÒN ORGANICO
BRUNCH BRASIL/NIC
HERZBLATT BRAS/GUATEM/ÄT/NIC
SCHWARZE PERLE* BRAS/INDIA/GUATEM/ÄT
ASS* BRASIL/NIC/INDIA
*ESPRESSO
SUMATRA
SANTOS BRASIL
TARRAZZU COSTA RICA
Kaffeefaktur
BALIS 3,40 €
neu!
BASILIKUM-INGWER DRINK
KALTER Kaffee 3,80 €
Cold Brew
VERSCHIEDENE VARIATIONEN

46 *Wasserschloss Bad Rappenau*

Mitten im Park ragt das dreigeschossige Wasserschloss wie eine märchenhafte Fata Morgana aus dem Wasser. Wo sind die Prinzessinnen und ihre Verehrer? Kommen sie gleich um die Ecke stolziert? Hell, weiß und klar proportioniert – schöner kann man sich keinen Renaissancebau erträumen – ein Schloss wie aus dem Bilderbuch. Schöner geht es wirklich nicht. Die Herren von Gemmingen haben mit ihrem Schloss bereits um 1600 äußerst guten Geschmack bewiesen und es an der Stelle eines ehemaligen Herrensitzes von ausgezeichneten Handwerkern errichten lassen. Flaniert man durch den alten Schlosspark, der seit vierhundert Jahren den von Quellwasser gespeisten See umgibt, trifft man schnell auf die überaus gesunden Kneippbecken. Die alten Baumbestände mit mächtigen Ulmen, Ahorn oder Linden sind mit aus fernen Kontinenten hergebrachten Bäumen bereichert und zu einem beeindruckenden Arboretum herangewachsen. Der Spaziergang um das Wasserschloss ist in jeder Jahreszeit ein Erlebnis, denn auch der Winter mit seinen mit Raureif überzuckerten Zweigen und einem eingefrorenen Wasserschloss ist beeindruckend schön. Überall auf dem Gelände gibt es ruhige Sitzplätze, die gepflegten Wege sind auch für geruhsame oder reifere Flaneure gut geeignet. Es lustwandelt sich bequem und ausgiebig in alle Himmelsrichtungen. Und wer sich genug die Beine vertreten hat, kann sich bei einem der Klavierabende, Konzerte oder kulinarischen Festlichkeiten im Wasserschloss einfinden. Wer die bildenden Künste mag und sich von Kultur begeistern lässt, wird auch gerne die regelmäßig veranstalteten Vernissagen besuchen und dabei das Wasserschloss von innen erkunden. Wer aber einfach nur die wunderbare Örtlichkeit in aller Ruhe erleben möchte, bleibt einfach in einem verborgenen Winkel sitzen und genießt glücklich die romantische Stille mit Blick auf das verwunschene Schloss.

TIPP In der kühlen Jahreszeit, mit Schnee und gefrorenem Wasser, wird hier ein Märchen wahr.

Wasserschloss Bad Rappenau, Hinter dem Schloss 1, 4906 Bad Rappenau
ÖPNV: S 42, Haltestelle Bad Rappenau

À la mode

47 *Modehaus Ingrid Dörr in Heilbronn*

Das Schöne kommt nie aus der Mode. War das nicht Karl Lagerfeld, der dies gesagt hat? Oder war es vielleicht Salvatore Dali? Auf alle Fälle wirbt mit dieser durchaus treffenden Weisheit das eigentümergeführte und gut sortierte Modehaus Ingrid Dörr. Tragbar und von guter Qualität ist die Mode dort auf alle Fälle. Mitten in Heilbronn finden Damen und Herren Passendes im Casual Chic. Originelle Garderobe im exklusiven Sortiment wird hier in angenehmem Ambiente präsentiert. Der offene und großzügig gestaltete Verkaufsraum hat eine gediegene und einladende Atmosphäre, die den Kunden auf Anhieb überzeugt. Für DONDAB ist das Heilbronner Modehaus die exklusive und einzige Adresse in Deutschland. Damengrößen von 34 bis 44 und Herrengrößen von 48 bis 56 können unter den professionellen Blicken der diskreten Verkäuferinnen anprobiert werden. Andere Größen können durch einen vorbereitenden Anruf zusätzlich bestellt werden. Wer nur zum Stöbern und für neue Anregungen in Sachen guter Mode vorbeischaut, darf auch gerne etwas ausgiebiger recherchieren – denn Freundlichkeit ist eine Zier und passt auch gut zum exzellenten Geschmack an schönen Dingen. In dieser Atmosphäre findet sich garantiert das Lieblingsstück. MUKU, ANI CARLSSON, BAZAR DE LUXE, CHIARA BONI, KAEL oder GLAM-O-METER klingen wie kleine Glücksversprechen unter den Modemarken. Bei Ingrid Dörr fehlt es an nichts. Wer muss da noch nach Paris, London oder Tokio reisen?

TIPP Die Abteilung Textilpflege bietet auch für die erfahrene Kundin noch Neues und Interessantes.

Schöne Kleidung hat in Heilbronn jetzt einen guten Platz. Wer von den Kleidern begeistert ist und sich noch nicht festlegen kann, findet hier auch wunderbare Accessoires. Beschlagene Gürtel, witzige Tücher, mondäne Taschen und spezielle Pflegemittel bieten einen weiteren Bereich. Und wer dann noch immer nichts gefunden oder genug gesehen hat, kann sich mit den Preziosen in der Schmuckabteilung befassen. Garantiert findet man hier ein ausgefallenes Stück, um seinem persönlichen Glücksgefühl auf die Sprünge zu helfen und ihm neue Flügel anzulegen.

Modehaus Ingrid Dörr, Titotstraße 14, 74072 Heilbronn, Tel. (0 71 31) 8 20 62
ÖPNV: S 42, Haltestelle Harmonie/Kunsthalle, ca. 7 Minuten Fußweg

INGRID DÖRR
DAS SCHÖNE KOMMT NIE AUS DER MODE

48 *Gaststätte Heuchelberger Warte*

Durch die Weinberge wandernd gelangt man immer weiter hinauf. Die Heuchelberger Warte zeigt uns von Weitem den Weg ins Heuchelberger Restaurant. Ein paar Dutzend Schritte vom Aussichtsturm entfernt befindet sich auf dem Heuchelberggipfel ein klassisches Ausflugslokal der besonderen Art.

Allein schon die wundervolle Lage mit der grandiosen Aussicht auf das Unterland, umgeben von Wald und Weinbergen, ist einen Besuch wert, um sich einen beschaulichen Ausklang des Tages zu gönnen. Oberhalb der alten Weinberggemeinde Stetten ist die Luft am frischesten, und die Winde wehen selbst an Hitzetagen lau und angenehm. Hier lässt es sich gut sein. Sogar Sportmuffel können sich mit ihrem fahrbaren Untersatz hier einfinden und die Höhenluft auf 350 Metern über dem Meer genießen. Zur guten Aussicht kredenzen die Wirtsleute schwäbische und mediterrane Küche. Das Lokal bietet viele unterschiedliche Sitzplätze: vom gut verschlossenen Raucherzelt für frierende Gäste, zur klassischen Hütte mit Holzscheiten davor, über einen alten Leiterwagen, der von einem spontan feiernden Freundeskreis als Stammtisch genutzt werden kann, bis zum romantischen Zweiertischchen hinter dem Oleander. Natürlich gibt es auch für kühlere Tage den gedeckten Tisch im Warmen – mit Aussicht, geschützt durch das Fensterglas. Hier findet jeder sein Plätzchen und seine Speise. Auch Vegetarier und Veganer bestellen von der reichhaltigen Karte mit Zutaten aus der Region das passende Gericht. Das Heuchelberger Restaurant bietet ganzjährig eine besondere „Auszeit“. Und natürlich kann man auch den lieben langen Tag hier oben glücklich in Muße verbringen. An solchen Orten zeigt sich gerne, dass das Klischee vom dauerarbeitenden und sparsamen Schwaben doch nicht ganz so stimmt. Denn wie sagt man im Ländle: „Wer ned schaffd, soll wenigstens guad essa.“

TIPP Ein paar Schritte weiter den Aussichtsturm Heuchelberger Warte besteigen.

Gaststätte Heuchelberger Warte, Auf dem Heuchelberg 1, 74211 Leingarten, Tel. (0 71 31) 40 18 49

ÖPNV: S 4, Haltestelle Leingarten, danach ca. 60 Minuten zu Fuß auf den Heuchelberg

... fahr'n, fahr'n ...

49 *Zweiradmuseum Neckarsulm*

Das ökologische Fortbewegungsmittel ist seit Jahrzehnten das Fahrrad. Die Radelfreunde betrachten sich mittlerweile als Avantgarde der Automuffel und bekommen auch immer bessere Radwege von den Gemeinden gebaut. Aber auch dem Sparfuchs und dem gemäßigten Breitensportler hat der Drahtesel bei täglicher Nutzung seit Jahren die Wadenmuskeln gestärkt. Außerdem gilt das Fahrrad neuerdings wieder als Zukunftsvision für sauberen Individualverkehr. Das kaum aus unserer verkehrstechnischen Gegenwart wegzudenkende Gefährt ist aber erst 200 Jahre alt. Vom hölzernen Laufrad eines gewissen Freiherrn Drais von Sauerbruch über die beeindruckenden Hochräder des späten 19. Jahrhunderts sind im Zweiradmuseum in Neckarsulm einige Schaustücke der Fortbewegung zusammengetragen, die man bisher höchstens mal in einem Kinofilm gesehen hat. Wer Kurioses mag, kann hier weiter fündig werden und auch das erste Motorrad der Menschheitsgeschichte bestaunen. Der originalgetreue Nachbau des Reitwagens – so wurde er höchstpersönlich von Gottlieb Daimler getauft – entzückt nicht nur Rocker und ihre Bräute. Der alten Marke im Fahrzeugbau – NSU – wird hier mit zeittypischem Design ein großes Forum geboten. So kann man ein bisschen in das Formgefühl der Wirtschaftswunderjahre eintauchen. Die im Grunde sehr modernistisch wirkenden Prototypen waren recht bescheiden und weit weniger überdimensioniert wie Vergleichsstücke aus heutigen Designschmieden. Die schlanke NSU Quickly im stilbildenden Grün der 50er-Jahre war mit 980.000 Exemplaren das meistverkaufte Motorrad der Welt. Das Solo-Mofa für die 15-Jährigen der 70er-Jahre hatte die Dorfstraßen mit seinem typischen Rasenmähermotor-Sound beschallt.

TIPP Im Kinoforum der digitalen Fahrteindrücke darf auf historischen Motorrädern Platz genommen werden.

Auch der gerne von Vorstadtprinzessinnen gefahrene NSU Prinz ist heute eine teuer gehandelte Antiquität der Automobilgeschichte. Für Rennfahrerherzen sind die schnittigen Feuerstühle in beeindruckender Stückzahl ausgestellt. Als glücklicher Betrachter mit Tagträumen bekommt man hier schnell Sehnsucht nach Fahrtwind.

Zweirad- und NSU-Museum Neckarsulm, Urbanstraße 11, 74172 Neckarsulm Tel. (0 71 32) 3 52 71 www.zweirad-museum.de

ÖPNV: S 42, Haltestelle Bahnhof Neckarsulm

ALLA VIA ROMANA
AL MARE

50 *Diskothek Gartenlaube in Heilbronn*

Wer mal wieder das eingeschlafene Tanzbein aufwecken möchte, den Hüftschwung oder das ekstatische Arme-Hochreißen vermisst oder einfach nur ein bisschen Unterhaltung unter Gleichgesinnten sucht, sollte sich auf dem Weg in die Gartenlaube nach Heilbronn machen. In der Laube, wie sie von ihren Fans gerne genannt wird, kann man seit dreißig Jahren das Tanzbein schwingen und abfeiern. Auf großzügigem Tanzparkett ist Platz genug für Amüsierwillige jeder Altersgruppe. Hier darf geschwoft und geflirtet werden! Hier begegnet man sich zwanglos zwischen Theke, Tisch und Tanzparkett. Doch es gibt auch genügend Rückzugsmöglichkeiten und ruhigere Ecken, um mit alten und neuen Bekanntschaften ein Schwätzle zu halten. In der Laube verbinden sich Kneipe und Biergarten mit der Diskothek. Gute Stimmung ist hier garantiert. Das Musikprogramm ist breit gefächert und trifft die Herzen der Rockfreunde ebenso wie die Pop- oder gar mitsingenden Schlagerliebhaber. So ist zum Beispiel der Dienstag eher den jüngeren Besuchern mit entsprechendem Sound vorbehalten. An anderen Tagen, wie zum Beispiel dem Freitag, darf sich der Gast vom Diskjockey auch schon mal etwas Besonderes wünschen, ein Liebeslied aus der Zeit des Kennenlernens oder ein Geburtstagspotpourri eines bestimmten Sängers. Lässigkeit in Kleidung und Lebensart ist in der Laube Programm. Es gibt keinen wichtigtuerischen Dresscode. Nette Begegnungen, Flirts und zufällige Gespräche sind hier einfach zu haben. Unter dem zeitlosen Slogan „leben und leben lassen“ findet sich eine fröhlich gestimmte Feiergemeinde friedlich ein, um auch mal einem anderen Geschmack zu huldigen oder zu einem unbekannteren Hit das Tanzbein zu schwingen. Wie schrieb schon 1740 der bekennende Musikliebhaber, Flötist und Preußenkönig Friedrich II.? „Jeder soll nach seiner Fasson selig werden.“ Und diese zeitlose Erkenntnis gilt auch heute noch für die glücklich Feiernden am Neckar.

Diskothek Gartenlaube, Viehweide 13, 74080 Heilbronn
www.gartenlaube.com
ÖPNV: Bus 1, Haltestelle Böckingen-Seestraße, ca. 8 Minuten Fußweg

you'll love
BAD WEST 20m
BALLERMANN 1180km
Stirbt die
stirbt

Singe, wem Gesang gegeben

51 *Karaoke im Irish Pub, Heilbronn*

Wer schon mal seine Popstar-Ambitionen ausleben und am Mikrofon vor begeistertem Publikum seinen Lieblingssong zum eingespielten Playback-Sound singen, beziehungsweise grölend vortragen möchte, ist hier genau im richtigen Lokal. A star is born. Also, aufgestylt mit Glitzerkleid aus Pailletten oder goldenem Sakko mit weißen Fransen, Haare toupiert beziehungsweise nach hinten gegelt und ab ins Irish Pub. Selbst wenn es für die Vortragenden und Gäste keinen festgelegten Dresscode gibt, sollte man sich doch dem Anlass entsprechend ein wenig herausputzen. Auch in Heilbronn gibt es jetzt die Gelegenheit zum Karaoke, das asiatische Mitsingspektakel hat hier eine Heimat gefunden. Sollte der Karaokesänger den Geschmack des Publikums treffen, ist Rudelsingen angesagt, wenn das ganze Lokal textsicher in den vorgetragenen Song einsteigt und im gemeinsamen Hit dahinschwelgt.
Wer gemeinschaftliche Kneipenaktivitäten mag, ist im Irish Pub gut aufgehoben. Hier kann man sich an der Dartscheibe ausprobieren oder das beliebte angelsächsische Bingo spielen und am besten gewinnen. Um dem Ganzen die Krone aufzusetzen, soll hier gelegentlich ebenfalls ein Kneipen-Quiz veranstaltet werden. Wie alle Veranstaltungen werden auch die mysteriösen Heilbronner Beerpong-Pubmeisterschaften vorher im Netz angekündigt und hier ausgetragen. Doch alles geschieht im low profile und ist so typisch angelsächsisch und unübertrieben, dass es wunderbar gut ins Ländle passt. Ein vielseitiges Lokal mit den Bieren und Getränken eines typischen Irish Pub. Guinness, Kilkenny, Murphy´s Stout oder Bulmers sowie die berühmten diversen irischen Whiskeys können hier auch im gut eingeräucherten Raucherzimmer genossen werden. Zum Abkühlen und Verschnaufen gibt es einen kleinen Biergarten. Für einen glücklichen Abend bietet die Kneipe im irischen Stil ein vielseitiges wie ungewöhnliches Unterhaltungsprogramm.

TIPP Zum Üben können die Songs in Playback-Version im Netz oder auch als App heruntergeladen werden.

Irish Pub, Lammgasse 30, 74072 Heilbronn, Tel. (0 71 31) 8 73 63 36
ÖPNV: S 4, Haltestelle Rathaus, ca. 5 Minuten Fußweg

Kira, der sibirische Uhu

52 *Burgfalknerei Hohenbeilstein*

Lässig sitzt der stolze Prachtkerl auf dem Lederhandschuh des Falkners und bleibt trotz begeistertem Fotografen völlig entspannt. Der gut ausgebildete Falkner und sein Jagdvogel sind schon seit einigen Jahren ein eingeschworenes Team, denn der Mensch und das Tier müssen sich kennen und lieben, sonst werden sie auch nicht das Vertrauen entwickeln, das zu diesen Glanzleistungen der Falknerei führen kann. Der sibirische Uhu ist in seine menschliche Familie hineingeboren, und Burg Hohenbeilstein mit den Hügeln und Wäldern ringsum bleibt sein Zuhause und sein Beuterevier. Lautstark begrüßt Kira seine zweibeinigen Gäste. Der Jungspund ist erst sechs Jahre alt und kann bei der guten Pflege in Hohenbeilstein 50 Jahre alt werden. Voller Tatendrang schlägt er mit seinen weichen Flügeln – für mich ist er ein ganz besonderes Fotomodell. Zusammen mit seinen anderen geflügelten Kollegen von der Flieg-, Fang- und Greifgemeinschaft zeigt er auf „seinem Berg", was er so alles kann. Bei Bereiteflügen, Kombinations- und zielsicheren Jagdflügen wird den begeisterten Tierfreunden in Vorführungen Unglaubliches geboten. Die schon seit dem Altertum mit den Menschen gemeinsam agierenden Vögel lieben ihre menschlichen Gefährten, bei denen sie auch in die Schule gegangen sind. Knapp 100 Greifvögel und Eulen aus vier Kontinenten leben hier in der privaten Burgfalknerei. Die großen Geierarten haben Flügelspannweiten von fast drei Metern und beeindrucken nicht nur die kleinen Besucher mit ihren imposanten Flugmanövern.

Bei guter Thermik über der sich 326 Meter über dem Meer befindlichen Burg können sich die Geier bis auf etwa 2000 Meter in den Himmel schrauben. Ein Hauch von Freiheit geht von diesen selbstbewussten Tieren und ihren Falknern aus. Wie herrlich, dieser seit dem frühen Mittelalter in Europa heimischen Tradition so nah sein zu sein dürfen! Wer glückliche Tiere in ihrem Element beobachten darf, wird dabei auch selbst glücklich – garantiert.

Burgfalknerei Hohenbeilstein, Burg Langhans, 71717 Beilstein, Tel. (0 70 62) 52 12
www.falknerei-beilstein.de

ÖPNV: Bus 641 oder 642, Haltestelle Beilstein Langhans, ca. 10 Minuten Fußweg

53 In der Kletterarena Heilbronn

Mit oder ohne Seil heißt hier die Entscheidung. Es gibt zwei unterschiedliche Fraktionen, in die die Welt der Kraxler aufgeteilt ist. Wer ein traditionelles Seil braucht, gehört zu den Kletterern und verkörpert wohl die klassisch vertraute Form, wie sie seit Beginn des Bergsteigens ausgeübt wird. Die Kletterer steigen, mit dem Seil gesichert, hinauf bis an die 18,5 Meter hohe Hallendecke. Die zweite Fraktion, die sogenannten Boulderer, benennen sich englisch nach dem Stein- oder Felsbrocken (boulder) und sehen sich als Trendsportler auf der Höhe der Zeit. Ganz modern und frei, also ohne Seil und sonstige Sicherung, bouldern sie lässig an den Griffelementen entlang und bleiben als überzeugte Boulderer konsequent und in jeder Situation ohne Absicherung. Der Anfänger ist deshalb immer in Sprungweite zum Boden. Hier hocken dann die zuschauenden Sitzboulderer, kommentieren die sportliche Aktion und beurteilen kritisch die Griffe in Haltung und Kür. Natürlich gehören die Show und die coole Geste zum Image des freien Boulderers und werden auch gerne zur Selbstdarstellung genutzt. Wer sich noch nicht entschieden hat und das erste Mal die Halle betritt, kann sich ja erst mal ein bisschen umsehen und den begeisterten Kraxlern zuschauen. Es ist sinnvoll, sich mit Übungen zur Balance und mit Krafttraining auf die steilen Wände vorzubereiten. Ambitionierte und schwindelfreie Neuzugänge können vorab ein Seminar besuchen und am Schnupperkletterkurs und/oder Boulderstarter teilnehmen. Wer zwei Stunden Zeit investiert, gewinnt einen kleinen Einblick in die Welt der Kraxlerei. Vielleicht entwickelt sich ja eine wunderbare Freundschaft mit der Wand, dem Berg und später mit der Höhenwelt der alpinen Herausforderungen. Wer es weniger dramatisch mag, kann hier ohne Wetterkapriolen in der klimatisierten Kletterarena sein Talent zum Klettern testen. Der Verbandskasten ist immer in der Nähe. Wer die Herausforderung liebt, neues Terrain betreten will und gern Ängste besiegt, um glücklich strahlend wieder auf dem Boden anzukommen, ist hier goldrichtig.

TIPP Ein Yogakurs ist die ideale Vorbereitung für die Kletterbeweglichkeit.

Kletterarena Heilbronn, Sektion Heilbronn des Deutschen Alpenvereins e.V., Lichtenberger Straße 17, 74076 Heilbronn, Tel. (0 71 31) 6 49 02 75

ÖPNV: S 42, Haltestelle Heilbronn Kaufland, ca. 20 Minuten Fußweg

In der Glücksschmiede

54 *Goldschmied Willy Eysert in Heilbronn*

Manche Frauen nehmen den Hammer selbst in die Hand und schmieden ihr Schmuckstück nach eigenem Entwurf. Bravo – denn hier kann die kreative Schmuckliebhaberin unter wohlwollender Anleitung ihre Schmuckschatulle mit eigenen Werken bereichern. Willy Eysert, die graue Eminenz der Goldschmiedekunst in Heilbronn, hat dies ermöglicht. In seiner Werkstatt am Stadtrand von Heilbronn betreut er mit fachmännischem Blick die kreativen Geschmeidemacher. Unter seiner Anleitung und Aufsicht wird gehämmert, gefeilt und poliert. Wer ein persönliches Unikat oder den Trauring mit eigenen Händen herstellen möchte, ist hier in guter Obhut. An diesem Glücksort werden Wünsche in die Tat umgesetzt, professionelle Tipps gibt es vom Meister höchstpersönlich. Bei dem Goldschmiedejuwelier kann man auch gebrauchten Schmuck aus früherer Zeit wieder auf Hochglanz polieren oder sich von einem Edelstein zu Neuem inspirieren lassen. Geliebte Steine wie Rubine, Saphire oder glitzernde Opale dürfen gerne als persönliche Anregung mitgebracht werden – bestimmt reicht die Fantasie für ein neues, selbst erdachtes Design. Restauriert und umgearbeitet kann Omis Lieblingsschmuck oder dem unerwarteten Fund aus dem Kästchen vom Dachboden zu einem zweiten Frühling verholfen werden. Hier lernt die Kundin viel dazu. Der individuelle Wert der Preziosen ist unbezahlbar, die Preise für die Überarbeitung werden sehr transparent schon im Online-Auftritt kommuniziert und sind äußerst moderat kalkuliert. Gold, Silber und sogar das etwas sperrige Platin wird in Schönes verwandelt. Die fleißigen Kunden erhalten zum Abschluss der Arbeit ein Glas Sekt und dürfen voller Freude auf ihre eigene Arbeitsleistung ihren persönlichen Schmuck nach Hause tragen. Wer möchte da nicht aktiv an der Gestaltung teilhaben? Schaffen wir etwas über den Tag hinaus, und die bleibenden Werte werden uns stolz und glücklich stimmen.

TIPP Mit Knetgummi oder Ton lassen sich vorab schon mal Entwurfsideen in großem Maßstab entwickeln.

Goldschmied Willy Eysert, Jörg-Metzler-Weg 21, 74080 Heilbronn, Tel. (0 71 31) 48 25 24
www.goldschmiede-eysert.de

ÖPNV: Bus 61 oder 62, Haltestelle Böckingen Buchenhof, ca. 5 Minuten Fußweg

Tsavorit
Sonja
8

55 *BrotCafé Kochendorf*

Hier startet man in den neuen Tag mit einem ganz besonderen Frühstück. Was kann schöner sein als die sprichwörtliche Morgenstund mit Gold im Mund. Wer schon frisch herausgeputzt am Morgen unterwegs ist, kann als früher Vogel, der seinen Happen als Erster fängt, ins BrotCafé kommen und sich mit einem appetitlichen Frühstück belohnen. Wo hat man schon die Gelegenheit, eines der berühmten überbackenen Brote in verschiedenen Variationen zu bekommen oder mit dem beliebten Frühstück à la Hirth mit gesundem Obstsalat, Joghurt und Müsli in den Tag zu starten. Auch leckere Mittagssnacks gibt es und jeden letzten Sonntag im Monat ein Genießer-Frühstücks-Buffet mit reichhaltigen Spezialitäten. Die bunte Vielfalt der Brotsorten erinnert tatsächlich an die gute alte Dorfbäckerei mit ihren individuellen Rezepturen, Teigvarianten und knusprigen Brötchen in allen Bräunungsgraden. Kreative Bäcker braucht das Land – und hier haben wir vorbildliche Handwerker ihrer Zunft, die bereits mehrere Preise gewonnen haben. Knusprig – aber wie! Stolz tragen die Brotlaibe den Familiennamen in der klassischen Brotkruste. Warum wird eigentlich Kümmel, der so berühmt für seine gesundheitsfördernde Wirkung ist, so selten in den Brotteig eingebracht. Doch halt, wir sind in Süddeutschland, und der Familienbetrieb Hirth, seit Langem für gutes Brot bekannt, hat auch dieses besondere Gewürz in seinem Repertoire. Die große Jahreszahl 1908 prangt voller Selbstbewusstsein in dem hell und modern eingerichteten BrotCafé und verweist auf die lange Erfahrung und vielleicht auch ein wenig auf die Reifungszeit, die ein guter Sauerteig braucht, damit das Brot dem Kunden schmeckt. Die Preise sind hier schwäbisch gemäßigt, und für ganz spontane und eilige Frühstücker gibt es die Butterbrezel mit dem Kaffee aus selbst gerösteten Bohnen. Bei all dem entscheidet aber doch die feine Zunge des morgendlichen Flaneurs. Beginnen wir den Tag mit Genuss – und so wird er dank dieses Starts ein glücklicher werden.

TIPP Das BrotCafé ist als fahrradfreundlicher Gastgeber mit Radservice-Station gelistet.

BrotCafé, Rathaus Platz 6, 74177 Bad-Friedrichshall-Kochendorf, Tel. (0 71 36) 91 04 80
www.baeckerei-hirth.de

ÖPNV: S 42; Haltestelle Bad Friedrichshall-Kochendorf, ca. 5 Minuten Fußweg

In der roten Kajüte

56 *Das One Man House von Thomas Schütte*

Wirklich, es ist kein UFO gelandet und auch nicht das rotlackierte Yellow submarine, sondern das ist Kunst und kann sogar besucht werden. Ein Kunstwerk mit begehbarem Innenraum. Rot und markant sitzt die Kunstkajüte direkt an der Friedrich-Ebert-Brücke auf der Neckarinsel. Wunderbar platziert erübrigt sich hier die Frage: „Warum ist es am Neckar so schön?“ Der Künstler Thomas Schütte, Preisträger des Vogelmann Museums, hat diesen unmöglichen Ort geschaffen. Ein kleiner Raum in menschlicher Dimension, ein nichtsnutziger Aussichtspunkt, der aus dieser Perspektive die Schönheit der Lage in ganz besonderer Weise fokussiert. Wie durch ein überdimensioniertes Fernrohr schaut man auf den vertrauten Fluss und schneidet ein wundersam verfremdetes Bild aus der Landschaft. Der Besucher kann sofort auf die Reise gehen, wie in einem Jules-Verne-Roman beginnt die eigene Vorstellung sich an diesem Platz nach Geschichten zu sehnen. Eine fantastische Reise aus ungewohntem Blickwinkel, die mit dem so bekannten Neckarfluss dahinströmen will. Eine ganz besondere Dreingabe ist hier gelungen. Es darf geschaut werden. Es darf geruht werden. Es darf fantasiert werden. Anregender kann Beschauliches nicht dargeboten werden. So still und doch zentral inmitten des urbanen Drumherums gibt uns dieser besondere Glücksort Energie wie aus einer Batterie. Ein Brennglas, welches das Bewährte in neuem Fokus ausleuchtet. Hier ist tatsächlich ein Werk gelungen, das dem Stadtraum eine echte Bereicherung beschert. Wie hört man gelegentlich: „Ist das Kunst oder kann das weg?“ Bei dem „One Man House“ stellt sich diese Frage garantiert nicht. Denn dieses besondere Werk darf bleiben, denn es ist von Anfang an ein Werk, das von den Heilbronnern und seinen Besuchern gerne angenommen wird und ständig Menschen in sein Inneres lockt. Es ist kein Kunstwerk, das den Flaneur mit Achselzucken zurücklässt, sondern ihm gerade durch das Enigmatische über den Moment hinaus Denkstoff mitgibt.

TIPP
In der Nacht ist das one-man-house ganz eigentümlich illuminiert.

One-man-house, Friedrich-Ebert-Brücke 1, 74072 Heilbronn
ÖPNV: Heilbronn Hbf., ca. 10 Minuten Fußweg

WARM?

Feierabend im Feyerabend

57 *Weinstube Feyerabend in Bad Wimpfen*

Steigt man vom Neckar hinauf, begibt man sich auf eine Zeitreise und landet in der freien Reichsstadt Bad Wimpfen in einer komplett seit Jahrhunderten gewachsenen Umgebung. In dieser alten Reichsstadt spürt man zwischen den Gassen und Giebeln noch immer den Hauch der Historie und erahnt die Geschichten dahinter. Hier erfreut jeder Schritt mit neuem Einblick und Durchblick auf alte Fachwerkhäuser mit ihren in Schönheit gereiften Fassaden und die mit uralten Pflastersteinen belegten Gassen, über die schon längst vergessene Besucher gelustwandelt sind. Ebenda entdeckt der geneigte Gast die zentral gelegene Weinstube Feyerabend. Wer könnte hier einfach vorübergehen? Das güldene Wirtshausschild mit dem kunstvoll gedengelten Römerglas und der Brezel lässt einem doch gleich das Wasser im Mund zusammenlaufen. Schönes und Glücksgefühle können durchaus Hunger nach mehr machen. Wer sich – müde vom Aufstieg – hier einfindet, macht alles richtig, denn Feyerabend kann schon zu Mittag sein. In dem denkmalgeschützten Haus gegenüber vom Adlerbrunnen ist eine besondere Perle der Gastronomie beheimatet. Im Restaurant im ersten Stock ist das gehobene kulinarische Glück zu haben mit täglich wechselnden Menüs, feinen Vorspeisen und Hauptgerichten mit Fisch, Wild und Lamm. In dem gründerzeitlichen Ambiente der anheimelnden Weinstube im Erdgeschoss werden herzhafte Leckereien aus der Region serviert. Wer sein Viertele schlotzt, mag auch gerne etwas dazu essen. Außer typisch schwäbischen Maultauschen oder Linsen mit Spätzle bestellt der Gast hier gern den original Bad Wimpfener Wurstsalat und andere deftige Schmankerln.

TIPP Die kulinarischen Veranstaltungen überraschen mit mehrgängigen Menüs zu den passenden Jahreszeiten.

Auch für den süßen Abschluss ist gesorgt, denn die Konditorei befindet sich unter dem gleichen Dach und verführt mit Torten und selbst gemachten Kuchen nach klassischen Rezepten. Ein Verwöhntempel der schwäbischen Art. Wer seine Diät mal für einen Feyerabend vergisst, kann hier so glücklich wie geschmackvoll sündigen.

Weinstube Feyerabend, Hauptstraße 74, 74206 Bad Wimpfen, Tel. (0 70 63) 95 05 66
www.friedrich-feyerabend.de
ÖPNV: S 42, Haltestelle Bad-Wimpfen, ca. 5 Minuten Fußweg

Ein Rendezvous

58 *Der Botanische Garten Heilbronn*

Hier lässt sich mal wieder ausgiebig Händchen halten in einer Liebesfilmkulisse der ganz besonderen Art.
Wo kann man sein Herz in trauter Zweisamkeit öffnen? In den liebevoll restaurierten Pavillons im schmucken botanischen Obstgarten am Fuß des Wartbergs befinden sich viele gut geeignete Plätze, die zum Verweilen einladen. Diskret, nicht nur für Frischverliebte, ist hier inmitten der Stadt zwischen den Obstbäumen, dem Arboretum und dem Duft der Blütenpracht eine stille Zuflucht entstanden – ein echter Erholungsort mit harmonischen Blickwinkeln. Tja, hier sind alle Voraussetzungen geschaffen, sich näherzukommen oder wieder näherzukommen – ein Verabredungsort der allerersten Wahl. Ursprünglich war dieses Kleinod auf zwei Hektar eine Lehranstalt und Baumschule, in der Knaben ab etwa 1900 nützliche Dinge über Gemüse- und Zierpflanzenanbau gelernt und geübt haben. Seit 1998 ist der botanische Garten Heilbronn „ökologisch bewirtschaftete Gartenanlage“, die als Schul- und Schaugarten ebenso dient wie zur Erholung. Trotz der etwas trocken anmutenden Bezeichnung des Gemeinderats lassen sich hier viele beschauliche Winkel und Nischen entdecken. Alleine die aus der Zeit gefallenen Gartenhäuschen, Katen, Datschas, Lauben und gusseisernen Pavillons verbreiten ein romantisches Flair, das seinesgleichen sucht und bis in den Herbst hinein stimmungsvolle Bilder bietet. Selten hat man solch wunderbare Gartenarchitektur an einem Ort gesehen und zudem noch so dezent und geschmackvoll arrangiert. Das älteste renovierte Objekt stammt aus dem Jahr 1530 und soll ebenso wie all die anderen Häuschen als Relikte und Architekturen aus dem ganzen Heilbronner Land zusammengesammelt worden sein, um diesem Glücksort seine ganz besondere Note zu verleihen. Einen ähnlich wunderbaren Treffpunkt mit solch harmonischer Ausstrahlung muss man lange suchen. Nutzen wir diese Freiluftsammlung für Rendezvous und werden wir glücklich.

TIPP Um das Nützliche mit dem Angenehmen zu verbinden, werden auf dem Areal auch grüne Märkte veranstaltet, auch ein Café gibt es.

Botanischer Obstgarten Heilbronn, Im Breitenloch/Ecke Kübelstraße, 74076 Heilbronn
www.botanischer-obstgarten.de
ÖPNV: Bus 11, Haltestelle Schickhardtstraße, ca. 10 Minuten Fußweg

Rosen & Kultur

59 *Burg Stettenfels Untergruppenbach*

Ja, romantisch geht es zu auf Burg Stettenfels. Ein gewisser Herr Burkhard von Sturmfeder, seines Zeichens Ritter, hatte die Burg in Besitz, bevor viele Jahre später die württembergischen Könige sie für sich reklamierten. „Ja, so worn's … ja, so worn's … ja, so worn's … di oooolden Rittersleit." Die Burg mit der militärisch und landschaftlich hervorragenden Aussicht über das Heilbronner Land sitzt wie angegossen auf dem Berg und ist dort auch in der Gegenwart nicht mehr wegzudenken. Zusätzlich hat heute die Kultur hier eine Örtlichkeit für sich entdeckt. Wer seine Konferenzen in harmonisch geschmackvollem Ambiente abhalten möchte oder wer als Brautpaar eine ganz besondere Hochzeitslocation sucht, ist hier gern gesehen und genau richtig. Der Weitblick über das Heilbronner Land verführt jedes Herz und füllt die Gedanken mit guter Laune. Ob Brautpaar, Hochzeitsgesellschaft oder zukünftige Geschäftspartner, sie alle werden sich in der fast mediterranen Atmosphäre, die die historischen Gebäude verbreiten, wohlfühlen.

Im großen Burggraben werden über die warmen Monate unter dem Motto „Kultur im Graben" Livekonzerte, Theaterstücke, oder Kabarettabende organisiert. Die Rittersleut hätten wohl herzlich mitgelacht über das Spektakel, das in ihrem trockengelegten Burggraben aufgeführt wird. In den stilvollen Räumen der Burg finden Whisky- und Gin-Seminare sowie thematisch unterschiedliche Dinnershows statt.

Wer nur kurz hineinschnuppern möchte, kann sich zur Mittagszeit ein leckeres Tagesmenü servieren lassen. Der Biergarten lockt mit einem wettergeschützten Pavillon und Kleinigkeiten zum Schlemmen. Wer möchte, kann direkt an der Burgmauer sitzen und zwischen den Bissen dem Auge einen grandiosen Ausblick ins Grüne gönnen. Ja wirklich, die Toskana beginnt hier – auf Burg Stettenfels zwischen Rosen und von der Sonne gewärmtem Sandstein. Wem Italien zu weit weg ist, kann hier vor der Haustür glücklich werden und hoch über Untergruppenbach ein bisschen Dolce Vita zum Glücklichsein einfordern.

Burg Stettenfels GmbH, Burg Stettenfels 4, 74199 Untergruppenbach
www.burg-stettenfels.de

ÖPNV: Bus 645, Haltestelle Untergruppenbach Rathaus, ca. 15 Minuten Fußweg

Quelle der Erholung

60 *Sperrfechter Freizeitpark und Camping*

Idyllisch gelegen und gleichwohl gut erreichbar ist der in einer Kocherschleife vom Fluss umrahmte Freizeitpark zwischen Bad-Friedrichshall und Oedheim. Der Camping-, Zelt- und Wohnmobilplatz liegt rund um den Hirschfeldsee mit direktem Zulauf zur Kocher. Naturnäher kann man kaum sein Zelt aufschlagen. Ein weit verzweigtes Gelände mit Hecken und Wiesen und herrlichem Baumbestand erwartet den Campingfreund und lässt sein Herz höherschlagen. Wer von hier seine kleinen Abenteuer starten möchte, kann zum Beispiel gleich mit dem Boot ablegen und die Ufer erkunden. Sportsfreunde finden neben den Klassikern wie Beachvolleyball und Tretbootfahren auch ungewöhnliche Attraktionen wie zum Beispiel Angeln im sieben Meter tiefen quellwassergespeisten See. Hier sollen schon riesige 80 Zentimeter lange Karpfen und kapitale Hechte für das Abendessen am Grillfeuer gefangen worden sein. Wem das Angelthema neu ist, der kann sich vor Ort gleich weiterbilden und erst mal den Fischlehrpfad begehen. Vielseitigkeit ist auch das Erholungskonzept im Freizeitpark etwas südlich des Campingareals. Für die gesundheitsbewussten Urlauber gibt es dort eine zertifizierte Tret- und Kneippbeckenanlage inklusive stiller Zone. Ideal für denjenigen, der sich nicht festlegen, sondern jeden Tag mit neuen glücklichen Ideen und Aktivitätsmöglichkeiten füllen möchte. Wem das erholsame Glück noch nicht reicht, kann von hier aus wunderbar zu Exkursionen nach Bad Friedrichshall starten, oder auch das eingemeindete Kochendorf mit dem Schloss Lehen mit seinem feudalen Park besuchen. Eventuell könnte man dort im vornehmen Restaurant, als Abwechslung zur Campingküche, in gediegenem Ambiente dinieren. Auch das Greckenschloss in der Nähe könnte für einen verwunschenen Märchenfilm mit obligatorischem Happy End wunderbar ins Bild passen. Hier befindet sich das Glück in allen Himmelsrichtungen, nur einen Fahrradausflug von den Zeltplanen entfernt.

TIPP

Die Boule-Freunde des Sperrfechter Freizeitparks veranstalten auch Hobby-Boule-Turniere.

Sperrfechter Freizeitpark-Camping am Hirschfeldsee, Hirschfeld 3, 74229 Oedheim, Tel. (0 71 36) 2 26 53, www.sperrfechter-freizeit.de

Urschwäbische Geselligkeit

61 *Besenwirtschaft Kuhbergschänke Bachenau*

Wer das Ländle von seiner schönsten Seite erleben will, muss in die Besenwirtschaft – d'r Besa, ein schwäbischer Glückstipp vom Feinsten. Doch ist in diesem besonderen Fall das Glück leider zeitlich eingegrenzt, denn Besenwirtschaften haben nur wenige Wochen im Herbst nach der neuen Weinernte ihre Türen geöffnet. Die traditionell geführte Kuhbergschänke hat zusätzlich noch ein Backhaus, in dem das Brot ofenfrisch gebacken und zu den heimatlichen Imbissen serviert wird. In dem 500-Seelen-Dorf Bachenau bei Gundelsheim betreibt der Familienbetrieb der Mühlbeyers seit Langem die klassische Besenwirtschaft und kredenzt – Ehrensache – nur Selbstgemachtes. So gibt es alljährlich den neuen Rebensaft zur eigenen Wurst, Schmalzbrot und Maultaschen oder auch zum etwas opulenteren Rostbraten oder Schälrippchen. Wer unter Einheimischen mitfeiert und Eindruck schinden will, sollte wissen, warum die Maultaschen Herrgotts'bscheißerle heißen und sagen können, dass der liebe Gott das Fleisch unter der Füllung nicht sieht, sodass auch an Fastentagen die Maultaschen verspeist werden dürfen und der liebe Gott auf diese Weise beschwindelt wird. Hoffen wir, dass die „oberen Instanzen" den Betrug mit Humor aufnehmen und uns unser leckeres kleines Glück gönnen.
Fünfzig Gäste kann die fleißige Familie Mühlbeyer verköstigen. Landwirtschaft und Weinwirtschaft sorgen für kulinarischen Nachschub aus der Region – und hier sogar vom eigenen Land und aus der eigenen Produktion. Was engagierte Politik erst seit Neuestem erkannt hat, wird hier schon lange praktiziert. Hier wird jedes Jahr zur Besenzeit glücklich geschlotzt und gevespert, denn der Rebensaft wird hier nie zur Neige gehen, da im Weinkeller etwa 10.000 Liter fachmännisch gekeltert in Fässern lagern. Ein Goethezitat an der Hauswand ist Glücksreklame genug:

„Trinkt sich das Alter wieder zu Jugend,
so ist dies eine Tugend.
Für Sorgen sorgt das liebe Leben,
doch Sorgenbrecher sind die Reben."

Besenwirtschaft Kuhbergschänke, Hauptstraße 8, 74831 Gundelsheim-Bachenau, Tel. (0 62 69) 9 02 54

ÖPNV: S 41, Haltestelle Gundelsheim, dann Bus 602, Haltestelle Gundelsheim-Bachenau

Salz, Sole & Gesundheit

62 *Der Salinenpark in Bad Rappenau*

Nach dem Abbruch der alten Saline und der Siedehäuser entstand 1973 an gleicher Stelle der Salinenpark. Noch vor kaum 50 Jahren ein industrieller Standort der Salzerzeugung ist er durch diese wunderbare Entscheidung, genau hier eine Park- und Erholungslandschaft zum Thema Salz und Sole zu schaffen, zu einem Publikumsmagneten geworden. Eine überzeugende Idee – und äußerst geschmackvoll umgesetzt. So sind die Blumen im Wechselflorbeet nach den Farben Rot, Weiß und Schwarz gesetzt und symbolisieren auf diese Weise die alte Salzgewinnung. Nicht nur für die Kurgäste ist diese beeindruckende Parkanlage gestaltet worden, jeder darf hier in der Open-Air-Inhalation frei lustwandeln und sich der Nase nach leiten lassen. Düfte können gesund machen, so sagt man. Und in dem beschaulichen Kurort Bad-Rappenau wecken die Blüten nicht nur bei Insekten Glücksgefühle, sondern bereichern mit ihrer sinnlichen Kraft auch die Kurgäste und zufälligen Besucher. Wer muss schon nach Südfrankreich, um den olfaktorischen Glücksdüften nahe zu sein, wenn das schöne Bad Rappenau solche Genüsse um die Ecke bereithält. Lavendel gedeiht auch prächtig im Salinen Park und ist zu einem Duftlabyrinth für Flaneure gestaltet worden. Hier drin kann man sich in Wohlgefallen verlieren. Einige Schritte weiter tröpfelt das heilende Solewasser über Schlehenreisig, an dem das gesundheitsfördernde Salzmineral verdunstet und uns unter freiem Himmel die Lungen salbt. Hier erlebt man besondere Freuden, die gerne mit einem „Aaah“ und „Oooh“ begleitet werden. Der Riegel, das sogenannte Gradierwerk, ist rund 30 Meter lang und 8 Meter hoch, beinhaltet etwa 5000 Schlehenbüschel, um mitten im Ländle gesunde Salz-(Meer)luft zu verströmen. Schon allein deshalb lohnt sich der Besuch dieser einzigartigen Wellness-Installation. Wer Muße mit Inhalieren glücklich paaren möchte, kann hier auf bequemen Bänken Platz nehmen, denn Müßiggang ist in diesem Fall aller Gesundheit Anfang.

TIPP Die Salz- und Sole-Führung kostet nur ein paar Münzen, und man erfährt sehr viel Neues zum Thema.

Salinenpark, Salinenstraße 28, 74906 Bad Rappenau
Informationen Führung: Tel. (0 72 64) 9 22 39 14
ÖPNV: S 42, Haltestelle Bad Rappenau, ca. 15 Minuten Fußweg

Hu(i)mmlisch!

63 *Hummelflug Piano-Bar in Heilbronn*

Wo sich gastronomische mit musikalischen Glücksmomenten kreuzen, befindet sich das Hummelflug. Lässig kurvt die Hummel ohne fiese Stachellaune, dafür mit wohlig rundem Bäuchlein und gut gesummtem Kammerton. Niemand fühlt sich bedroht von solch einem musikalischen Flugtierchen. Auf der Rosenbergstraße mitten in Heilbronn brummt der Laden seit über 20 Jahren. Für musikalisch interessierte Nachtschwärmer mit den sprichwörtlichen Hummeln im Podex ist die Hummelflug Piano-Bar ein ideales Ausgehlokal. Jeder Abend hat sein eigenes Motto, und so reicht der weite Flug von cooler Barmusik, über klassische Ernsthaftigkeit bis zu entspanntem Jazz, engagierten Liedern oder internationalen Chansons. Ja, es darf gesungen werden. Die Initiatoren Tatyana und Franz haben ein breites Feld für das sympathische Flugtierchen eröffnet – eine bunte Einflugschneise der musikalischen Künste. Dazu werden feine Speisen, kleine Imbisse oder Snacks und reichlich schwäbische Viertele, gut eingeschenktes Bier oder der abendliche Espresso zum Aufwachen gereicht. Nie wird die Musik zu schrill, unangenehm oder laut, denn der hummeltypische Kammerton verbreitet wohlige Atmosphäre und lässt die Gäste auch während der Darbietung zur Gabel greifen, ohne dass die Lautstärke die Magennerven beeinträchtigen würde. Hier werden die Ohren und der Gaumen gekitzelt, und zwar niveauvoll! Ein Erfolgskonzept für ganzheitliche Genießer unterschiedlichster Couleur. Wer jetzt auf den Hummelflug-Geschmack gekommen ist, kann auch gleich das ganze Lokal für seinen Geburtstag mieten oder den Geschäftsabschluss mit seinen Angestellten feiern. Aufgeschlossenere und vielseitigere Orte kann man kaum dafür finden, um im schönen Ambiente einmal selber mit seinen Freunden dort „vorbeizusummen", zu landen und eine Party zu feiern. Es gibt so viele Anlässe, glücklich zu sein, das Hummelflug eignet sich bestens dafür – und wer einmal persönlich bei Tatyana Klavierstunden nehmen möchte, kann dies auch gerne tun, um den Hummelflug selber zu üben.

TIPP Die schmackhaften Pelmenis aus Tatyanas Heimat passen zum Boogie-Woogie ebenso wie zum Liederabend.

Hummelflug Piano-Bar, Rosenbergstraße 28, 74072 Heilbronn, Tel. (0 71 31) 9 93 62
www.hummelflug-heilbronn.de
ÖPNV: Heilbronn Hbf., ca. 10 Minuten Fußweg

LORBEER

Zur erfundenen Berühmtheit

64 *Anna Blume Café in Bad Wimpfen*

O du, Geliebte meiner siebenundzwanzig Sinne, ich
liebe dir! – Du deiner dich dir, ich dir, du mir.
– Wir?

So beginnt der Dada-Künstler und Poet Kurt Schwitters sein famoses Gedicht von Anna Blume, die, wie der Dichter uns schon vor 100 Jahren verraten hat, ja von hinten wie von vorn wohl gleich zu lesen wäre. Und wie stellt Kurt Schwitters die Preisfrage: Ist Anna Blume ein Vogel? Ist sie etwa rot, beziehungsweise ist es ein roter Vogel? Nein, es ist ein geschmackvoll eingerichtetes Café in Bad Wimpfen. Auch wenn der Meister in seinem berühmten namensgebenden Gedicht die Grammatik etwas durcheinanderbringt, ist er hier beispielgebend und macht Mut, vielleicht auch etwas poetischer zu werden. Wer solch spezielle Kulturgeschichte im Namen trägt, signalisiert, dass das Besondere geschätzt wird. Das Kultur Café steht hier ganz im Zeichen der Künste. Hier wird gelesen und geschrieben. Bad Wimpfener kreative Nachgeborene können hier im Ambiente der Kaffeehaus-Schreiber selbst den Stift zücken und Wohlfeiles in das Quartheft notieren. Leckerer Kaffee und kleine Imbisse können dabei goutiert werden. Hier wird nicht gehungert, wie die Literaten vergangener Epochen, nein hier gibt es für Schleckermäuler schon zum Frühstück leckere Backwaren im intimen Ambiente zu genießen. Hier darf auch nach dem Frühstück weiter entspannt und bei glücklicher Stimmung zum Frühschoppen übergegangen werden. In dieser ganz besonderen Atmosphäre kann auch die vielgerühmte Wiener Kaffeehaus-Stimmung aufkommen und die ambitionierten Schriftsteller zum Schreiben verleiten. Also, Stifte raus und auf die Kladden! Aber gemach, relaxen bei einheimischen Weinen ist die ideale Grundlage für die Dichtkunst und für angehende Autoren. Das Café ist selbst wie ein Gedicht, das sich in einer glücklichen Fügung in die märchenhafte Kulisse von Bad Wimpfen eingepasst hat. Ja, hier baumelt die Seele auch ohne literarische Ambitionen.

Anna Blume Café, Apothekergasse 1, 74206 Bad Wimpfen, Tel. (0 70 63) 93 09 44
www.annablume-cafe.de

ÖPNV: S 42, Haltestelle Bad Wimpfen

Im Glücksmobil

65 *Mit dem Rother Theo durch die Weinberge*

Wer schon immer mal den Weinbergen nahe sein wollte und dem womöglich der Aufstieg zu anstrengend ist oder der vielleicht auch nur nicht laufen mag, kann seit geraumer Zeit sehr bequem und komfortabel auf das Glücksmobil umsteigen und die Weinlagen rund um Brackenheim erkunden. Der Rother Theo ist ein formidabel konstruiertes Genussvehikel. Die rollende Weinverkostung wird mit den begeisterten Gästen an praktischen, sicher gestalteten Tischen und unter regen- und sonnengeschützter Überdachung zelebriert – besser geht's wirklich nicht. Ein durchaus gut gestaltetes Gefährt der besonderen Art. Der bequeme Planwagen bietet Platz für Weininteressierte aller Couleur, die sich nicht nur dem Genuss, sondern auch der Weinkultur und der Arbeit der Winzer im Weinberg öffnen wollen. Auf Wunsch wird der fachmännische Vortrag frei Haus – pardon frei Mobil – mitgeliefert. Bequemer kann man nicht durch die Weinberge gondeln, zu den Reben kommen und ihnen im gemütlichen Tempo zuprosten. Lustige Fahrgemeinschaften der bacchantischen Art werden durch die besten Lagen des Zabergäus chauffiert. Wer einmal mitgemacht hat, wird gerne wiederkommen, denn man kann süchtig nach dem Glücksmobil werden. Obwohl der Weg auf den Brackenheimer Zweifelberg führt, kommt hier garantiert kein Zweifel auf. Der Wein kommt wohltemperiert aus der Kühlbox, die Audioanlage ist perfekt eingestimmt, und der Gast sitzt luxuriös auf Ledersitzen und lugt über sein gefülltes Glas auf die Reben, die alljährlich ihr Bestes geben. Eine Pracht der Natur. Ob demnächst noch der klassisch-römische Wagen gebaut wird, auf dem man dann liegend, nach antikem Vorbild, durch die Landschaft gefahren wird, entzieht sich unserer Information, aber zufriedener kann man nach Ende der Tour nicht einmal aus dem Papamobil aussteigen, denn wie sagt der Winzer mit verschmitzter Miene: „Hier im Glücksmobil schmeckt der Wein am schönsten." Wie recht er hat!

TIPP Im Herbst gibt es zahlreiche Veranstaltungen und Weinfeste. Info: www.wg-Stromberg-zabergaeu.eu

Weingärtner Stromberg-Zabergäu, Neipperger Straße 60, 74336 Brackenheim, Tel. (0 71 35) 98 55 15

ÖPNV: Bus 662, Haltestelle Brackenheim ZOB

66 *Michaelskirche auf dem Michaelsberg Cleebronn*

Der weithin sichtbare Kegelberg hat schon die Kelten und danach, wie ausgegrabene römische Silbermünzen beweisen, die Römer angezogen, um auf fast 400 Metern militärische Übersicht ins besetzte Gebiet diesseits des Limes zu haben. Von hier aus sieht man bei klarem Wetter bis in den Odenwald mit seinem Katzenbuckel, in die Löwensteiner Berge und sogar auf die Schwäbische Alb und den Königstuhl. Wer auch mal an einem sonnigen Wintertag hier hochkommt, hat einen wildromantischen Blick auf das verschneite Ländle bis zu den „weißgepuderten" Bergen am Horizont. Ein Wintertraum der glücklichen Art. Kaum ein Platz, an dem der klassische Wintertag besser verbracht werden kann, und es besteht auch die Möglichkeit, im Jugendhaus Michaelsberg auf dem Berg zu übernachten oder zu feiern. Die strategisch günstig gelegene Fernsicht hat den Michaelsberg schon seit Jahrtausenden herausgehoben und ihm später den Namen Wächter des Zabergäus eingebracht. Der Legende nach soll hier einst der heilige Bonifazius in einem Zweikampf mit dem Leibhaftigen gerungen haben. Glücklicherweise kam der Erzengel Michael herbei und verhalf dem Mönch zum Sieg über den Teufel. Durch diesen Ausgang, bei dem das Gute über das Böse gesiegt hat, wurde der Berg nach dem Heiligen Michael benannt und gilt seitdem als Glücksort. Die einstmals katholische Enklave im meist protestantischen Württemberg hat hier oben auch die kleine Michaelskirche für nur etwa 100 Gläubige errichtet. Das romanische Kirchlein hat später gotische und sogar barocke Umbauten erlebt. Wenige Kirchengebäude strahlen jedoch solch eine Ruhe aus. In diesem Chorgestühl kann man andächtig werden. Der fast wie eine Bühne abgetrennte Altarraum bietet in stiller Betrachtung Muße und Einkehr. Wer sich von den beeindruckenden Ausblicken hierher zurückzieht, hat einen, der Legende nach, vom Übel befreiten Glücksort auf halbem Weg Richtung Himmel gefunden. Schließen wir die Augen und lassen unsere Seele frei.

TIPP Am Berghang gibt es ein naturgeschütztes Areal (Steppenheide) mit Felsennelken oder schlesischem Löwenzahn.

Michaelskirche auf dem Michaelsberg Cleebronn

Bus 662, Haltestelle Cleebronn-Mitte, dann zu Fuß ca. 30 Minuten den Berg hoch

Eins, zwei – eins, zwei!

67 *Gute-Laune-Sport im Wertwiesenpark Heilbronn*

In der Gruppe macht Bewegung doch am meisten Spaß. Unverbindlicher und günstiger kann man keine Leibesübungen ausüben. Das gesunde und sparsame Event lockt nicht nur die Sparfüchse aus ihrem bequemen Bau. Ob in der rosafarbenen Stretchhose oder im blauen Trainingsanzug von anno dunnemals, jeder und jede ist im Wertwiesenpark hinter der Schleuse herzlich willkommen. In den wärmeren Jahreszeiten von Frühjahr bis in den Herbst treffen sich hier die Sportbegeisterten aller Altersgruppen und Fitnessgrade und werden unter professioneller Anleitung trainiert. Hier ist ein beweglicher „Biotop" an Gleichgesinnten entstanden. Tief in die Hocke und schöööön die Arme ausstrecken oder alle die Fingerspitzen an die Knie – pardon, an die Zehenspitzen. Wer seit Schulzeiten solche Kommandos nicht mehr gehört hat, sollte ruhig auch mal aus nostalgischen „Beweggründen" hierherkommen. Sport bringt die Menschen zueinander. Niemand ist verpflichtet, wiederzukommen oder gar eine Medaille zu gewinnen, alles bleibt einem selbst überlassen, und niemand wird genötigt. Hier wird grundsolider Breitensport gepflegt. Keine Angst, die qualifizierten Übungsleiter des TSG Heilbronn haben ein buntes Programm an Übungen zusammengestellt. Turnvater Jahn wäre begeistert, denn hier wird seine Idee der allgemeinen körperlichen Fitness für gesunde Bürgerinnen und Bürger in die Praxis umgesetzt. Nette Leute bewegen sich gemeinsam an frischer Luft. So spornt man sich gegenseitig an, und auch der größte Sportmuffel freut sich auf die gemeinsame Aktion. Im Wertwiesenpark startet man gesund in die Woche, denn jeden Montag um 18 Uhr darf man hier dabei sein und mitmachen. Wer auf den Geschmack gekommen ist, kann am Dienstag gleich weitermachen und sich um 11.30 Uhr wieder im Wertwiesenpark einfinden. Mittwochs wird gewalkt und am Freitag gelaufen. So kommt man sportlich durch die Woche ohne einen Cent zu bezahlen – wie glücklich ist das denn?

TIPP Man kann sich auch mal mit Freunden zum Sport verabreden.

- **Wertwiesenpark Heilbronn, 74072 Heilbronn**
- **ÖPNV: Heilbronn Hbf., ca. 20 Minuten Fußweg**

Weißes Gold des Lebens

68 *Im Steinsalzbergwerk Bad Friedrichshall*

Es gibt Speise- und Pökelsalz, Pharmasalze, Futtermittelsalze, Lecksteine für Kühe und Rehe oder das graue Streusalz, das zur Enteisung der winterlichen Fahrbahnen dient. Alle diese Salze werden vom Steinsalzbergwerk in einer Jahresförderkapazität von fünf Millionen Tonnen aus zwei Schächten hervorgeholt. Ohne das Salz der Erde könnten wir alle, ob Mensch oder Tier, nicht existieren, denn unsere Herzen würden ohne das weiße Kristall nicht mehr lange schlagen. Wie extrem wichtig dieser Glücksstoff ist, können wir kaum erfassen. Doch glücklicherweise gibt es das Besucherbergwerk Bad Friedrichshall, in dem wir uns schnell auf den aktuellen Wissensstand zum Thema Salz bringen lassen können. Hier betritt man eine sonst geheime Unterwelt. Bei permanent 18 Grad Lufttemperatur kann man sich im Sommer schön abkühlen oder im Winter aufwärmen – ein Glücksort in 200 Metern Tiefe. Während einer selbsterklärenden Führung findet man in den großzügig ausgeschachteten Räumen Dinosaurier ausgestellt oder bestaunt riesige Salzfördermaschinen, wie den 13,4 Meter langen Continous Miner, der zehn Jahre lang von 2006 bis 2016 das Salz – wie der Name sagt – ohne Unterlass gefördert hat. Eine wirklich beeindruckende Maschine, die man sonst gar nicht aus der Nähe betrachten kann. Neben den großen analogen Schächten, der polierten Holzrutsche, Grubenlampen und altertümlichen Bergmannskitteln bietet das Museumsbergwerk allerhand wunderbare Lichtinstallationen, die die besondere Atmosphäre buchstäblich einleuchtend hervorheben. Neben den medialen Informationen zum Thema Salz im Allgemeinen gibt es Wissenswertes über besondere Bergbauthemen – wie Sprengung und Abraum – zu erfahren. Alljährlich eröffnet der Osterhase an Ostern die Saison. Neben den erlebbaren Attraktionen wird der Besucher auch noch in der unterirdischen Speisekantine verköstigt. Man sollte sich ruhig eine Prise Salz dazu gönnen, denn ohne Salz im Blut könnten wir gar kein Glück empfinden.

TIPP **Für Familien mit Kindern gibt es eine Extraführung inklusive Fahrt auf einer langen Holzrutsche.**

Salzbergwerk Bad Friedrichshall, Bergrad-Bilfinger-Straße 1, 74177 Bad Friedrichshall-Kochendorf, Tel. (0 71 31) 9 59 33 03

ÖPNV: S 41, S 42, Haltestelle Bad Friedrichshall-Kochendorf

69 Mitsingaktion in der Kilianskirche Heilbronn

„O when the saints go marching in, o Lord, I want to be in that number …!“

Im sogenannten Sing along in der evangelischen Kilianskirche in Heilbronn treffen sich Laiensängerinnen und -sänger in den beeindruckenden gotischen Hallen. Es heißt doch: „Singe, wem Gesang gegeben“ – hier darf jeder Enthusiast singen und sein Bestes geben. Denn es gilt: „Wo man singt, da lass dich ruhig nieder, denn böse Menschen kennen keine Lieder.“ Hier wird der Ton zu einem musikalischen Ereignis. In wem schlummert nicht ein verborgenes Mitsingtalent? Wer trällert nicht schon mal in der zweiten Stimme zu bekannten Melodien unter der Dusche? Wo kann sich ein unentdecktes Talent besser outen als im Sing along in der Kilianskirche. Man muss nicht gleich ins Fernsehen streben und sich dort „abkanzeln lassen“ oder auf die Wartburg zum Sängerwettstreit pilgern, wenn die Kilianskirche doch so nahe liegt. Wo könnte man sich zum gemeinsamen Singen besser treffen als in diesem akustisch hervorragend geeigneten Kirchenraum. Alt und Jung, neu und erfahren, engagiert oder zurückhaltend – hier treffen sich die Gesangsfreunde zum Jubilieren unter professioneller Anleitung. Choräle, Gospel, sogar Arien können je nach Talent erarbeitet werden. Und was gesungen wird, ist durchaus anspruchsvoll, zum Beispiel das Weihnachtsoratorium von Bach, wobei die Laiensänger von professionellen Künstlern unterstützt werden. Wer sich nun doch noch nicht traut, kann schon mal zur Stunde der Kirchenmusik vorbeischauen und dem Vortrag von der Kirchenbank aus lauschen. Die musikalischen Darbietungen sind breit aufgestellt und reichen vom Kinderchor über das Vokalensemble bis zum Orchester des Collegium Musicum der Kilianskirche. Wen bei all dieser erlesenen Musik noch keine Glücksgefühle überkommen, der darf ruhig still sitzen bleiben und von der Bank seinen Blick über die mächtige Architektur schweifen lassen und an diesem Kraftort Inspiration empfangen.

TIPP Der Aktivitäten- und Neuigkeitsbrief kann über kantorat@kirche-heilbronn.de bestellt werden.

Kilianskirche, Kaisersraße 38, 74072 Heilbronn
ÖPNV: S 4, Haltestelle Rathaus

Du Jane, ich Tarzan

70 *Waldkletterpark Weinsberg*

Hier kann man sich fast wie Tarzan und Jane fühlen, die mit beeindruckenden Schwüngen an Lianen von Baumwipfel zu Baumwipfel durch den malerischen Urwald reisten.
Auf diversen Routen kann sich der Klettereinsteiger wie im Filmdschungel durch die luftigen Baumwipfel schwingen. Zu Beginn allerdings wird einem erst mal die Kletterausrüstung am Boden angepasst, und man übt die Bewegungen nur knapp einem Meter über dem weichen Waldboden, denn Sicherheit geht vor. Neulinge haben immer eine fürsorgliche Aufsicht an der Seite, die auch Fragen gerne beantwortet. Später, im gut abgesicherten Hochseilgarten, hat man eine völlig neue Perspektive auf den Wald. Drehen, strecken, balancieren – so hangelt sich der Klettergast durch große Autoreifen, über Holzpodeste, an Seilstrecken entlang. Auch wenn die mit Seilen aufgespannten Holzbretter das Format von üblichen Stufen haben, sieht es für den Ungeübten aus der erhöhten Perspektive doch ganz anders aus. Hier wird der Gleichgewichtssinn richtig gefordert – eine neue Erfahrung, die man auf alltäglichem Boden selten machen kann, aber einen hier oben dann doch weiterbringt. Wie sagen die erfahrenen Kletterprofis? Niemals direkt nach unten schauen! Geht einem die Puste aus, genießt man den intimen Einblick ins Blätterdach oder Bodengehölz von oben. Keine Sorge, jeder Waldkletterer bekommt einen schönen gelben Sturzhelm und hängt sicher im Klettergurt. Während Tarzan sich freihändig an Lianen von Baum zu Baum schwingen konnte, darf man hier auch mal seinen Karabiner ins Spannseil klicken und zur nächsten Station hinüberfahren. Auf dem Parcours werden Höhenängste schnell überwunden. Wer sich von einer Dekokuh im Geäst die restlichen Bedenken durch humorvolle Gestaltung nehmen lässt, kann hier einen sehr sportiven Tag verbringen. „No net hudle“, sagt der Schwob, und deshalb kann man die einzelnen Stationen auf dem Parcours in seinem eigenen Tempo angehen. Auch Menschen im besten Alter kommen hier gut zurecht und sind glücklich über dieses neue Erlebnis.

TIPP Das Klettererlebnis kann man wunderbar zu Hause mit Gymnastik vorbereiten.

Waldkletterpark, Weinsberg Schemelsberg, 74189 Weinsberg, Tel. (0 71 34) 5 37 00 07
www. waldkletterpark-weinsberg.de

Uf dr schwäb'sche Eisebah

71 *Süddeutsches Eisenbahnmuseum Heilbronn*

Zeitreisen sind möglich! Lösen wir hierfür ein geschmackvoll gestaltetes Billet und lassen es vom Schaffner lochen. Wer schon immer mal in einem nostalgischen Compartiment Platz nehmen wollte oder gerne historische Details in ihrer technischen Raffinesse aus der Nähe unter die Lupe nehmen möchte, sollte sich das einmalige Eisenbahnmuseum in Heilbronn-Böckingen nicht entgehen lassen. 1893 wurde das heute denkmalgeschützte Gelände von den königlich württembergischen Staatseisenbahnen in Betrieb genommen. Hier fanden all die schönen Lokomotiven ihren Stellplatz beziehungsweise ihr Nachquartier und wurden über die noch heute funktionierende Drehscheibe rangiert. Ein Muss für Filmfreunde, die dramatische Zugszenen lieben. Wen überkommt bei den dampfenden Schornsteinen nicht eine Fernwehsehnsucht nach vergangenen Epochen? Auch dem schwäbischen Eisebahn-Gefühl für das „trulla, trullala“ kann hier mit viel nostalgischen Fundstücken aus der Blütezeit der Eisenbahnhistorie im 19. Jahrhundert nachgegangen werden. Ebenso bekommt man Lust, sich als „Grand Dame“ oder Herr in Frack und Zylinder inklusive ledernem Überseekoffer direkt in die erste Klasse begleiten zu lassen, um unter eindringlichem Lokpfeifen in den Orient abzureisen – ein Glücksort auch für Techniklaien, die in dem liebevoll erhaltenen nostalgischen Ambiente aufleben. Natürlich hat auch die Filmwelt mit ihren Produzenten und Regisseuren den Ort für sich entdeckt, um in den original rollenden Schauplätzen zu drehen, denn eine bessere Ausstattung kann selbst in Hollywood für teures Geld nicht gebaut werden. All das haben wir dem engagierten Museumsverein mit seinen fleißigen Restauratoren zu verdanken, die auch weiterhin weltweit nach Waggons, Kesseln oder verschwunden geglaubten Lokomotiven suchen, um ihnen hier ein zweites Leben einzuhauchen. Wer es klein und übersichtlich mag, kann an Vorführtagen die Modelleisenbahn in ihren unermüdlichen Runden bewundern.

TIPP Eine Dampflokomotive mit historischem Restaurationswagen fährt als rollende Besenwirtschaft durchs Ländle.

Süddeutsches Eisenbahnmuseum, Leonhardstraße 15, 74080 Heilbronn, Tel. (0 71 31) 3 90 74 34
ÖPNV: S 4, Bedarfshaltestelle Böckingen-Sonnenbrunnen
(Achtung: Bei Bedarfshaltestellen muss immer die Aussteigetaste „Zug hält“ vorher gedrückt werden.)

Geschenk der Kaiserin

72 *Schloss Assumstadt in der Gemeinde Züttlingen*

Die österreichische Kaiserin Maria Theresia ließ 1769 das barocke Schloss mit gewisser „Ähnlichkeit“ zu Schönbrunn als Geschenk für ihren treuen Generalfeldzeugmeister Karl Reinhard von Ellrichshausen in dem beschaulichen Assumstadt erbauen. Im mittlerweile nur noch als Wohnplatz bezeichneten ehemaligen Dorf mit einer bereits um das Jahr 1800 abgerissenen Dorfkirche stehen nur noch das Schloss und ein paar freistehende Gebäude in der Nachbarschaft. Wer schon immer mal in geschmackvollem Kaiserinnenambiente flanieren wollte und dem die Anreise nach Schloss Schönbrunn zu weit ist, kommt hier voll auf seine Kosten. Im großen Rokokosaal mit Platz für 65 Gäste lässt sich gut feiern, der historische Gewölbekeller, die Festscheuer und der außerordentlich großzügig gestaltete Schlosspark bieten für zusätzliche Festivitäten genügend Raum. Sollte das Brautpaar vom Standesamt her feudal anreisen wollen, kann es sich in der prunkvollen Pferdekutsche vorfahren lassen. Hier „tanzt der Kongress“ wie damals in Wien, und Märchenträume werden wahr. Falls keine Heirat ansteht und auch gerade keine Jubiläen, sind die Schlossbesucher trotzdem herzlich zu Veranstaltungen willkommen. Der Kulturverein Schloss Assumstadt organisiert mehrmals im Jahr Konzerte und Ausstellungen, die sich im Kaiserinnenambiente noch glücksverheißender anfühlen. Vielleicht verliert die begeisterte Dame ein weißes Taschentuch im richtigen Moment, und ein Prinz findet sich ein, der weitläufige Park wäre groß genug für ein besseres Kennenlernen. Das alljährliche Frühlingserwachen wird auf dem Schloss genauso mit Gästen gefeiert wie der Winterzauber. Wer bei blauem Blut in Verzückung gerät, könnte auf dem Anwesen auch mal rein zufällig dem adeligen Besitzer, dem Grafen von Waldburg zu Wolfegg und Waldsee, in geschmackvoller Jägermontur begegnen. (Die Nachfahren beschäftigen sich zeitgemäß mit nachwachsenden Rohstoffen – der Forstwirtschaft.) Das beeindruckende Schloss ist auf jeden Fall ein idealer Ort, für die Prinzessin seines Herzens einen glücklichen Nachmittag oder Abend zu organisieren.

Schloss Assumstadt, Assumstadt 1, 74219 Möckmühl, Tel. (0 62 98) 42 48

Große Kunst, kleiner Stall

73 *Museum im Schafstall in Neuenstadt*

Wo einst die Schafe ihr Zuhause hatten und lauthals ihr „Mäh" verkündeten, wurde 1991 ordentlich gelüftet, ausgefegt und renoviert. Unter der eindrucksvollen Dachkonstruktion beherbergt der stattliche Bau aus dem 18. Jahrhundert, der ursprünglich auch Teil eines herzoglich-württembergischen Gutshofs war, ein sehenswertes und fantasieanregendes Museum. Hier kann man jetzt Exponate der adligen Seitenlinie der Herzöge von Württemberg Neuenstadt bestaunen, die sehr übersichtlich präsentiert werden. Doch kann der Besucher nicht nur sein Interesse an blaublütigen Hinterlassenschaften stillen, sondern auch in alten Karten „wandern", Originalschriften und Stammbäume studieren und viel über die örtliche Geschichte erfahren. Nebenan wird dem Wahlcleversulzbacher Pfarrer und Dichter Eduard Mörike genügend Raum für sein literarisches Werk geboten, um den Museumsgast ins 19.Jahrhundert zu entführen. Wer lieber an heutigeren Kulturerfahrungen teilhaben will, begibt sich einfach in die Galerie im Dachgeschoss. Hier laden ständig wechselnde Kunstausstellungen zur Vernissage ein, oder es finden regelmäßig Konzerte statt – von Chormusik mit Liedern des Rock und Pop bis hin zum bezaubernden Piano-Abend mit Frédéric Chopin oder einem Duett mit Harfe und Querflöte. Hier wird das „Mäh" beziehungsweise das „Mehr" an Kultur nicht nur für Besucher aus der Region hervorragend präsentiert und dem dankbaren Publikum vor Ort zugänglich gemacht. Andere Gemeinden mit weitaus mehr Möglichkeiten können sich an Neuenstadt am Kocher ein kulturpolitisches Beispiel nehmen. Wo sich ein kultureller Glücksort etabliert, werden auch die erwartungsvollen Glückssucher nicht lange ausbleiben. Nur Mut!
Wer noch etwas Zeit hat, sollte sich unter die „Tausendjährige Linde", die 1448 auf dem Richtplatz gepflanzt wurde, setzen. Auch wenn diess alte Linde 1945 ersetzt werden musste, ist der Platz noch immer einen Besuch wert.

Museum im Schafstall, Cleversulzbacher Straße 10/2, 74196 Neuenstadt am Kocher, Tel. (0 71 39) 39 24

ÖPNV: Bus 620 oder Bus 624, Haltestelle Neuenstadt

seum im Schafstall

Auch für Reig'schmeckte

74 *Brauhaus Heilbronn*

Wie erklärt man einem Reig'schmeckten, dass „Gaisburger Marsch" kein Ständchen einer Militärkapelle, sondern ein leckeres Eintopfgericht ist, welches nach einem Stuttgarter Stadtteil benannt wurde. Das stört aber den Heilbronner sowie den auswärtigen Gourmet überhaupt nicht. Hier im Brauhaus wird nämlich „ländleübergreifend" gekocht.
Am besten man lädt den Auswärtigen zum Essen ein und geht mit ihm schnurstracks ins Heilbronner Brauhaus. Hier wird dem schwäbischen kulinarischen Geschmack gehuldigt, und der Koch versteht sich bestens auf die einheimischen Spezialitäten der urschwäbischen Gastronomie. Im Brauhaus werden die Maultaschen in der Zwiebelsoße und mit viel Kartoffelsalat serviert. Wer mal wieder Saitenwürschtle mit Linsen und Spätzle und einem kräftigen Schuss Weinessig bestellen möchte, wird im Brauhaus ebenfalls fündig. Für die chinesische Reig'schmeckte am Nachbartisch war dies wohl die erste Wahl. Wer Geselligkeit liebt, kommt an den großen Tischen schnell in Kontakt, denn die Gespräche im Brauhaus sind „tischübergreifend". „Ja, sauer macht lustig – und auch durstig", übersetzt die Reiseleiterin ihren fernöstlichen Reig'schmeckten unter schallendem Gelächter. Das Heilbronner Brauhaus hat auch das passende Bier in dunkler und heller Variante und serviert es dem Rheinländer in vertrauter Farbigkeit. Großzügig sind die Räumlichkeiten, direkt an der Allee gelegen, und man darf auch nur ein leckeres Bierchen seiner Wahl bestellen und dem geschäftigen Treiben mit gemütlichem Blick folgen. Hier finden Familien oder große Gruppen spontan ohne Voranmeldung genug Platz, um zusammenzusitzen, und wenn's wirklich mal eng wird, kann man in der ersten Etage noch einen Tisch finden. Auch wer mittags nur eine kleine Leckerei zu sich nehmen will, bekommt das Passende in den rustikalen, mit viel Holz ausgebauten Schank- und Restauranträumen. Gegessen wird bis spät-abends, denn manchmal kommt der Hunger unverhofft, und wie glücklich schläft sich's nach einem schwäbischen Nachtmahl, fast wie in einem chinesischen Glückskeks vorhergesagt.

TIPP Auch im Brauhaus muss es nicht immer Alkohol sein. Es gibt selbstgemachte Limonaden mit Ingwer und Minze.

Heilbronner Brauhaus, Allee 33-35,74072 Heilbronn, Tel. (0 71 31) 7 48 64 15
www.heilbronnerbrauhaus.de
ÖPNV: S 41 oder S 42, Haltestelle Harmonie

HB
Heilbronner
BRAUHAUS

Golfen & verkosten

75 *Wengerter Golf bei Familie Sick*

Es ist wahrlich ein einzigartiges Erlebnis. Mit gaaanz großem Besteck wird hier der Parcours des Spielfelds durchgearbeitet. Ein „Spiel ohne Grenzen“, fast wie in der alten Fernsehshow der 70er-Jahre, in denen mit selbst gebautem Spielgerät, tollen Handicaps oder witzigen Spielherausforderungen sportive Aufgaben gestellt wurden. Die große Keule aus Rebenholz spielt den passgerechten Tennisball durch die 18 Stationen. Hier wird mit riesigem „Spiel“zeug hantiert, erdacht für Freunde des Neuen, denn große Schläger machen auch großen Spaß. Ein Midigolf rund um das naheliegende Thema Wein. Die Handicaps und skulpturalen Aufbauten hat Vater Sick aus seinem Fundus der Weinwirtschaft in neuem Design aufgebaut und ansprechend arrangiert. Ein beeindruckendes „Gesamtkunstwerk“, das auch bespielbar ist. Warum ist noch kein Künstler auf so etwas gekommen? Etwa zwei Stunden braucht der geneigte Spieler, um die ungewöhnliche wie sportliche Herausforderung zu meistern. Skurril geht es hier zu – und humorvoll. Die alteingesessene Weinbauernfamilie Sick serviert entsprechendes Zielwasser und kredenzt den eigenen Wein. Ein leckeres Tröpfchen, das den ernsthaftesten Midigolfer bereitwillig auf Umwege führt. Tja, wie sagt man so schön: „Der Weg ist das Ziel“. Wer beim Spiel auf den Geschmack des Zabergäu-Weins gekommen ist, kann sich im Anschluss ins Hofcafé begeben und den guten Tropfen weiter zusprechen oder sich bei Kaffee und einem großen Stück selbst gebackenem Kuchen von den Strapazen erholen und sich mit Genuss belohnen, auch wenn man nicht gewonnen hat. Wer allerdings noch nicht genug Skurriles erlebt hat, darf vor dem leckeren Abschluss das Maislabyrinth testen, mit der Person des Vertrauens gemeinsam verschwinden, um glücklich zu werden. Aber Achtung: Wer sich im idyllischen Zabergäu verläuft, verliebt sich ganz schnell und mag gar nicht mehr weg von hier.

TIPP Zur seriösen Einstimmung auf die Rotweinlandschaft das Theodor-Heuss-Museum in Brackenheim besuchen.

Wengerter Golf bei Familie Sick, Zeisigweg 10, 74336 Brackenheim, Tel. (0 71 35) 96 07 20
www.sick-brackenheim.de
Golfsaison: Mai bis September, Maislabyrinth ist täglich ab Anfang August bis zur Ernte geöffnet
ÖPNV: Bus 661 oder Bus 662, Haltestelle Brackenheim ZOB, ca. 10 Minuten Fußweg

Auslese
Spätlese
Kabinett

Mal dich glücklich

76 *Kunstschule Mal' ein Mal*

Wer träumte noch nicht vom freien Künstlerleben, und wer wollte nicht mit dem beschwingten Pinselstrich, dem dicken farbgetränkten Quast oder dem Kohlestift den glücklichen Moment der Inspiration herausfordern? Die Freude, eigene Fantasie und Ideen in Bilder umzusetzen, ist zeitlos. Hatte nicht der berühmte Kunstprofessor Joseph Beuys bereits vor Jahren behauptet, dass ein Künstler in jedem Menschen stecken würde. Doch wohin mit all der Schaffenskraft und der unstillbaren Sehnsucht nach Kreation, wenn man noch keine Anleitung und noch keinen guten Lehrer gefunden hat? Dem kann jetzt abgeholfen werden, denn mitten in Heilbronn hat die Kunstschule Mal' ein Mal die Ateliertür für Interessierte geöffnet. Und wie sagt man im Ländle? „Mol a mol a mole (Mal doch mal ein Männchen)".

Bei Herrn Taymuraz Kozyrev ist man in den besten Künstlerhänden aufgehoben, um nicht nur Männchen zu malen. Der klassisch ausgebildete Künstler aus Usbekistan fand seinen künstlerischen Weg, studierte an der dortigen Akademie und kam über Moskau ins Ländle nach Heilbronn. Die kulturellen Wege sind unergründlich, schon schnell hat der kreative Geist mit seiner Familie Fuß gefasst und bereits 2014 die von ihm professionell geleitete Kunstschule eröffnet. „Malerei von neun bis neunzig …" – so erklärt Herr Koyzyrev mit wohlwollender Miene, denn der Musenkuss kann die Künstler in Spe in jedem Alter erwischen. In der schnuckligen Kunstschule mit hellen Räumlichkeiten und hohen Decken lässt sich in freundlicher Atmosphäre wunderbar der Pinsel schwingen. Der humorvolle Lehrer geht mit gutem Beispiel voran und unterrichtet die klassischen Methoden des Zeichnens, mit Bleistift und Kohle bis hin zu Acryl und Wasserfarbe. Für die fortgeschrittenen Meisterschüler unterweist er seine glücklichen Eleven auch in der bevorzugten Ölmalerei. Tja, die Malerei kann durchaus völlig ganzheitlich glücklich machen, und wer sich traut, kann auf der Hauptstraße in Heilbronn unter bester Betreuung loslegen.

TIPP

Bei gutem Wetter gibt es auch malerische Exkursionen.

Kunstschule Mal' ein Mal, Hauptstraße 21, 74081 Heilbronn, Tel. (0 71 31) 1 24 50 94

Biotop & filmreife Kulisse

77 *Der Tauchsteinsee in Talheim-Lauffen*

Warum hat man hier nicht die Winnetou-Filme gedreht oder Kara Ben Nemsi Effendi eine wundervoll üppige Oase finden lassen? Selten bekommt man so eine naturgestaltete und wahrlich hollywoodreife Filmkulisse zu sehen. An seiner Südseite reichen die 18 Meter hohen Muschelkalkfelsen bis weit unter die spiegelglatte Wasseroberfläche des 14 Meter tiefen Tauchsteinsees. Hier tauchen die Steine buchstäblich ein und spiegeln sich, fast wie in einer ausgedachten Traumlandschaft, im glasklaren Wasser. Tief unten speist eine saubere Quelle das nasse Idyll des sauberen Tauchsteinsees. Die Fische schwimmen ungeniert heran und genießen das wie für sie gemachte Naturdenkmal. Die trägen Karpfen kommen an die wärmende Oberfläche und scheinen zu denken – alles unser, Libellen schwirren vorüber, und die Singvögel jubilieren dazu. Dies ist ein gutes Biotop. Der Turmfalke hat diesen Glücksort ebenfalls für sich entdeckt und brütet sicher im hohen Fels. Sogar der seltene Eisvogel hat hier eine Heimat gefunden. Ein sagenhafter naturbelassener Ort, den der Anglersportverein Talheim-Lauffen gepachtet hat. Im Wasser soll es einen riesigen 1,40 Meter langen Wels geben, der bisher noch nicht den Köder geschluckt hat. Ob dies nun Anglerlatein ist oder zur lokalen Legende gehört, können wir nicht beurteilen, aber vielleicht zeigt sich der Riesenfisch dem geneigten Glücksortbesucher am Ufer.

TIPP

Nehmen wir doch selber mal die Angel in die Hand.

Wem das alljährliche Seefest, vom Anglersportverein Talheim-Lauffen organisiert, zu dem alljährlich an zwei Tagen bis zu 2000 Besucher kommen, zu laut ist, für den gibt es eine Alternative. Das Projekt Kirche im Grünen – Natur erleben und Gott begegnen – bietet Gottesdienste am Tauchsteinsee an. Wie sagte der Alte Fritz, Nichtschwabe und Preuße, so treffend wie politisch weitsichtig: „Jeder solle nach seiner Fasson glücklich werden.“

Tauchsteinsee, 74388 Talheim-Lauffen

Anglersportverein Talheim-Lauffen: Keplerstraße 4, 74348 Lauffen am Neckar, Tel. (0 71 33) 1 29 15

Auf der Insel des Glücks

78 *Insel-Hotel Heilbronn*

Wer möchte nicht einmal auf einer Insel übernachten oder gar ein paar entspannte Tage verbringen? Dazu muss man nicht weit aufs Meer hinaus oder gar in die tropische Südsee reisen. Mitten auf dem Neckar gelegen lädt die Flussinsel mit dem Inselhotel den Gast in einen ganz besonderen Ort ein.
Äußerst ruhig ist es, aber nicht die einsame Insel mit karger Kost unter Palmen, sondern ein gut geführtes Hotel im Familienbetrieb mitten in der Weinstadt Heilbronn. Gediegen empfängt den Reisenden ein Ambiente von fast zeitloser Ausstrahlung. Alte Uhren, schöne Teppiche, feines Mobiliar und dezente Farben. „Very british" könnte man meinen, wenn wir nicht mitten im Herz des Ländles wären. Geschäftsleute wie Kurzurlauber oder Flaneure aller Couleur schätzen das Inselhotel, seit es mitten im zerstörten Heilbronn in den 1950er-Jahren errichtet wurde. Ein Hauch von Wirtschaftswunder hat sich noch immer in dem Haus in unmittelbarer Nähe zu der Willy-Mayer-Brücke erhalten. Wer den Charme und die Grandezza des etwas in die Jahre gekommenen Hotels liebt, sollte unbedingt mal auf dieser Insel vorbeischauen, denn hier muss man beileibe nicht auf den bekannten Komfort verzichten. So wurden ein Schwimmbad und eine großzügige Saunalandschaft eingebaut. Neben schwäbischen Leckereien wie Gaisburger Marsch oder den variantenreichen Maultaschen, die mit klassischem Kartoffelsalat serviert werden, gibt es auch internationale Küche im gehobenen Niveau. Eine Insel-Hochzeit mit Bootsfahrt auf dem Neckar, eine Geburtstagsparty in der Dachgarten-Bar oder ein Dinner am gemächlich vorbeiziehenden Fluss versetzt den Gast in französisches Wohlfühlambiente, und man glaubt sich eher in Paris an der Seine denn in Heilbronn am Neckar. Ob die Queen auch schon mal vorbeigeschaut hat? Vielleicht, wenn man Glück hat. Zumindest hieß das Insel-Hotel schon mal Hotel Royal.

TIPP **Keine 100 Meter hinter dem Hotel befindet sich die „experimenta" mit all ihren facettenreichen Anregungen.**

Insel-Hotel Heilbronn, Willy-Mayer-Brücke, 74072 Heilbronn, Tel. (0 71 31) 63 00
ÖPNV: Bus 642, Haltestelle Neckarturm

insel - hotel
Schwäbisches Restaurant

Mach mal blau

79 *RappSoDie Sole- und Saunaparadies Bad Rappenau*

Entspannung pur und lässig wie die namensgebende Rhapsody in Blue von Gershwin erwartet uns in dem auf den ersten Atemzug einehmenden Wohlfühltempel. Lassen wir uns darauf ein wie in ein gefälliges Musikstück, das wohlig temperiert und ästhetisch auf höchstem Stand präsentiert wird.
Paradiesisch und vielfältig sind hier die Möglichkeiten. Ideal, um einmal richtig „blau" zu machen. Geschmackvoll wohltuend ist das Sole-Paradies in Architektur, Bild und Ton künstlerisch gestaltet. Sanfte Klänge und wohltuende Düfte lassen durchaus die Assoziation des Himmlischen aufkommen. Draußen wie drinnen entsteht dadurch eine einzigartige Wohlfühlatmosphäre, die den Gast in eine andere Welt entführt. Der klassische Solebereich bietet gleich vier Becken mit dem wohltuenden Salz, das Haut-, Rheuma- oder Atemwegserkrankungen merklich Linderung verschafft. Das mineralisierte Salz stärkt unsere Abwehrkräfte und hebt spontan die Laune. Im Bewegungsbecken, im Freibecken oder im Therapiebecken ist das Heilwasser immer über 30 Grad Celsius temperiert. Ideal für nasskalte Tage wird man so in sommerliche Zeiten entführt. Das Glück kommt gerne wohltemperiert daher. Unsere angenehm gewärmte Haut nimmt dann bereitwillig das Magnesium auf und lagert es, während wir unseren Tagträumen nachgehen, im Körper für uns nachhaltig ein. Tun wir uns was Gutes und gönnen wir unserem Körper ein wenig Balsam, und auch die müde Seele wird sich erfrischen. In der Toten-Meer-Salzgrotte beugen wir Bronchitis und Allergien vor, ohne an die Nordsee oder gar nach Israel reisen zu müssen. Selbst Wellnessmuffel verwandeln sich in der Grotte unter fein dramatisierten Lichtstimmungen zu Überzeugungstätern. Ein gut gestalteter Tempel der Gesundheit. So sollen 45 Minuten in der Salzgrotte die gleiche Wirkung haben wie drei Tage am Toten Meer. Wer das himmlische Glück schon mal in Vorfreude genießen möchte, sollte dem Soleparadies unbedingt einen Besuch abstatten.

TIPP

Die Romantische Saunanacht lockt mit Tausenden von brennenden Kerzen.

RappSoDie Sole- und Saunaparadies, Salinenstraße 37, 74906 Bad Rappenau, Tel. (0 72 64) 2 06 93 30, www.rappsodie.info

ÖPNV: S 42, Haltestelle Bad Rappenau

Tiegel, Tassen, Töpfe

80 *Der Heimatverein Leingarten*

Fährt man auf der Landstraße 293 von Schwaigern nach Osten Richtung Heilbronn, erreicht man nach ein paar Minuten das zwischen Feldern eingebettete Leingarten. Provinz kann doch so schön und heimelig sein. Nomen est omen. Der idyllische Ort wirkt tatsächlich wie ein kleines Gartenreich mit schmucken Häuschen und properen Vorgärten. Hier finden wir an der „kleine Hohle" das Museum ALTES RATHHAUS. Der Heimatverein Leingarten hat das Kleinod mit der örtlichen Kultur bereits 1975 eröffnet. Der blau getünchte „Schwäbische-Mann" im Giebel grüßt den Museumsgast in seiner vollendeten Fachwerkschönheit. Ein Muss für Freunde der Heimatkunde und alle, die es noch werden wollen. Für ein Museum mit regionalen Inhalten passt das Gebäude ideal, so kann man zum Beispiel in der Dauerausstellung eine originale Küche betreten und all die irdenen Gefäße und Werkzeuge unserer Vorfahren bestaunen. Alles riecht nach Arbeit und hart verdientem Brot im Schweiße des Angesichts. Hier erhält man einen recht aufschlussreichen Blick in die Alltagswelt unserer Vorfahren. „Schaffe, schaffe, Häusle baue", so hieß es wohl auch damals schon. Das schwere Los unserer Ururgroßmütter und ihrer Ehemänner ist für uns heute fast so weit weg wie die archäologischen Funde der Großgartacher Kultur. Die Kuratoren haben neben anschaulichen und sinnlichen Exponaten aber immer auch auf geistige Inhalte geachtet. Im Heimatmuseum werden regelmäßig Arbeiten von Künstlern ausgestellt, die sich mit ihren Werken in Bezug zu den heimatlichen Exponaten oder zu Leingarten stellen. Besonders interessant wirken daher die zeitlosen Themen Wasserversorgung und Problematik des verschmutzten Wassers. Wer sich mit inhaltlich anspruchsvolleren Themen gerne befasst und unterhalten fühlt, ist hier genau richtig. Vielleicht kommt irgendwann mal ein hippes TV-Kochteam vorbei und gart hier in historischen Töpfen nach Urgroßmutters Rezepten ein geschmackvolles schwäbisches Traditionsmenü – natürlich mit glücklich machenden Speisen.

TIPP **Den Veranstaltungskalender beachten:** Neben Konzerten und Ausstellungen gibt es Kabarett und Theatergastspiele.

Heimatverein Leingarten, Eppinger Straße 150, 74211 Leingarten, Tel. (0 71 31) 90 01 73
www.heimatverein-leingarten.de
ÖPNV: S 4, Haltestelle Leingarten

16 59
Stadt Kelter
Sich regen bringt Segen

Bibliografische Informationen der Deutschen Nationalbibliothek
Die Deutsche Nationalbibliothek verzeichnet diese Publikation in der Deutschen Nationalbibliografie; detaillierte bibliografische Daten sind im Internet über http://dnb.d-nb.de abrufbar.

Konzeption/Satz: Droste Verlag, Düsseldorf
Einbandgestaltung und Illustrationen: Britta Rungwerth, Düsseldorf, unter Verwendung von Bildern von © Fotolia.com: jd - photodesign.de; © iStock: Plociennik Robert
Fotos: Joachim Stallecker, außer:
S. 11: Eberhard Wahl; S. 13: Wolkenlos Massage-Lounge; S. 15: experimenta; S. 17: © Depe - stock.adobe.com; S. 21: Eberhard Wahl; S. 23: © Fotolyse - stock.adobe.com; S. 27: © Stadt Neuenstadt am Kocher; S. 29: Eberhard Wahl; S. 31: Erlebnispark Tripsdrill; S. 33: Eberhard Wahl; S. 35: Eberhard Wahl; S. 37: © mmuenzl - stock.adobe.com; S. 41: Eberhard Wahl; S. 43: © auremar - stock.adobe.com; S. 47: © astrosystem - stock.adobe.com; S. 49: Johannis Sinnig; S. 51: mein Fliegenpilz; S. 53: © Eberhard - stock.adobe.com; S. 55: Nicole Emky, Ottilienhof; S. 57: © Lasse Hendriks - stock.adobe.com; S. 59: Johannis Sinnig; S. 61: Mathias Schick; S. 63: Heilbronn Marketing GmbH/Christoph Düpper; S. 67: Eberhard Wahl; S. 69: Tourismus im Weinsberger Tal e.V./Foto: Wolfram Linnebach; S. 73: Johannis Sinnig; S. 75: Römermuseum Güglingen, Foto: Rose Hajdu; S. 79: © contrastwerkstatt - stock.adobe.com; S. 81: © Anterovium - stock.adobe.com; S. 83: Tourismus im Weinsberger Tal e.V./Foto: Wolfram Linnebach; S. 85: Eberhard Wahl; S. 89: Zooey Braun; S. 91: Johannis Sinnig; S. 93: © Milton Oswald - stock.adobe.com; S. 95: OX-BoW-Events; S. 97: Eberhard Wahl; S. 99: © Eberhard - stock.adobe.com; S. 103: Heuchelberger Warte/ Foto: Ozan Özdemir; S. 105: Deutsches Zweirad- und NSU-Museum Neckarsulm (Motiv: Blick in eine der größten Zweiradsammlungen Deutschlands); S. 107: Laube-Heilbronn; S. 109: © imageegami - stock.adobe.com; S. 111: Johannis Sinnig; S. 113: © Corri Seizinger - stock.adobe.com; S. 117: © juefraphoto - stock.adobe.com; S. 121: © Bernd Jürgens - stock.adobe.com; S. 123: © Eberhard - stock.adobe.com; S. 125: © JayAr - stock.adobe.com; S. 127: Sperrfechter Freizeitpark GbR; S. 133: Johannis Sinnig; S. 135: © - stock.adobe.com; S. 137: Dieter Anzock; S. 139: © Eberhard - stock.adobe.com; S. 141: © luckybusiness - stock.adobe.com; S. 143: Geologiekammer; S. 145: © Eberhard - stock.adobe.com; S. 147: Waldkletterpark Weinsberg; S. 148: trulla trulla trullala; S. 151: Bildtechnik Braendle (https://commons.wikimedia.org/wiki/File:Schloss Assumstadt.jpg), Ausschnitt von Droste Verlag, https://creativecommons.org/licenses/by-sa/4.0/legalcode; S. 153: Stadt Neuenstadt am Kocher; S. 157: Wengerter Golf - Hofcafé Sick; S. 159: © Patrick Daxenbichler - stock.adobe.com; S. 163: Rosenzweig (https://commons.wikimedia.org/wiki/File:Heilbronn Neckar mit Friedrich-Ebert-Bruecke Inselhotel und Theaterschiff 20130612.jpg), „Heilbronn Neckar mit Friedrich-Ebert-Bruecke Inselhotel und Theaterschiff 20130612", Ausschnitt von Droste Verlag, https://creativecommons.org/licenses/by-sa/3.0/legalcode; S. 165: © RappSodie

MIX
Papier aus verantwortungsvollen Quellen
FSC® C011279
www.fsc.org

Druck und Bindung: LUC GmbH, Greven
ISBN 978-3-7700-2216-8

www.drosteverlag.de